LE JOURNAL D'EMILY

Une marque des Éditions Music & Entertainment Books
16, rue Albert-Einstein – Marne-la-Vallée
77420 Champs-sur-Marne, France

Première édition pour la traduction française

Première publication par Health Communications, Inc..
Traduit de l'anglais par Corine Tournayre
ISBN 978-2-36164-039-2

Tous droits réservés.
Directeur d'édition : Eddy Agnassia
Collection coordonnée par Flore Law de Lauriston
Composition et mise en page : Mathieu Tougne

LE JOURNAL D'EMILY

ATTEINTE D'UNE MALADIE RARE

Emily Smucker

À ma mère, pour m'aimer et compatir,
et m'apporter mon thé au lit même
après plus d'un an de maladie.

SOMMAIRE

AOÛT 2007

TROIS VŒUX

Si vous aviez la chance de pouvoir faire trois vœux (hormis le vœu d'avoir plus de vœux), quels seraient-ils et pourquoi ?

J'admets qu'il n'est pas difficile de penser à trois réponses :

1. Que je ne retombe jamais malade ;
2. Que je n'aie plus de devoirs à faire dans l'année scolaire qui arrive ;
3. Un caméscope plus joli.

Il est aussi plutôt facile d'obtenir tout ce que l'on désire en trois vœux, même sans cette histoire de « vœu d'avoir plus de vœux ». Vous pourriez souhaiter :

1. Qu'il n'y ait plus de souffrance ;
2. Que tout ce que vous avez toujours désiré apparaisse comme par magie en un claquement de doigts ;
3. Que tout le monde vive heureux pour toujours.

Vous voyez ? Vous pourriez tout avoir en trois vœux.

Enfin, peu importe. Je trouve cette question idiote. Mais qui m'écoute, de toute façon ? Je ferais sûrement mieux d'aller prendre ma température pour voir si elle a baissé un peu et retourner voir mon cher lit dans lequel je passe tout mon temps.

UNE SENSATION

Ces derniers temps, j'ai eu des maux de ventre. Et ils sont revenus dimanche soir. J'ai assisté à l'office jusqu'au bout en buvant mon thé à petites gorgées et en me récitant intérieurement le chapitre 40 du livre d'Isaïe. Je récite toujours le chapitre 40 du livre d'Isaïe quand j'ai mal au ventre. C'est très apaisant.

À la fin de l'office, je me sentais un peu mieux. Avec mes frères et sœurs, nous sommes allés chez nos cousins Justin et Stephy et nous avons joué au foot, mangé, puis nous avons regardé les autres faire un jeu. C'est à ce moment-là que je me suis dit que j'avais dû attraper quelque chose car on a une sensation spéciale quand on tombe malade. Pas une simple migraine ou un banal mal de gorge, mais la sensation d'être un peu dans les vapes.

Quand nous sommes enfin rentrés à la maison, longtemps après à cause du jeu de mon frère Matt, j'ai découvert en prenant ma température que j'avais une fièvre carabinée.

Zut, flûte. Je ne veux pas retomber malade. Dans quelle mesure cela va-t-il affecter mes projets ?

Mais il valait mieux que ça arrive maintenant plutôt que pendant l'année scolaire.

MES PROJETS

Comme à l'ordinaire, nous nous sommes réunis avec le groupe de jeunes de mon église : nous avons traîné, discuté, rigolé. Nous avons surtout parlé de ce que nous allions faire pour collecter des fonds. Devions-nous organiser une autre vente aux enchères d'esclaves, où les jeunes du groupe sont mis aux enchères et doivent se plier à la volonté de leur propriétaire le temps d'une journée (sans raison, naturellement) ? C'était la seule idée qui nous était venue à l'esprit, mais personne ne semblait beaucoup l'aimer.

Puis Phebe a dit : « Je pense qu'Emily devrait écrire une pièce de théâtre dans laquelle on jouerait tous. »

Un murmure d'approbation s'est fait entendre et le groupe a acquiescé. Je rayonnais. Une pièce de théâtre ! Mais étais-je capable d'écrire une pièce ? J'ai déjà écrit des saynètes. Mais généralement, je ne fais que les inventer et dire aux autres ce qu'ils doivent faire pour ne pas m'embêter à rédiger le script. Une pièce entière, en étais-je capable ?

« Je suis partante », ai-je lancé.

Je vais écrire une pièce ! Et c'est le groupe de jeunes qui la jouera !

Waouh, j'ai tellement de projets pour cette année ! Je veux prendre des cours de mathématiques supérieures à la faculté parce que je ne pense pas être assez douée pour les mathématiques avancées, mais je veux *quand même* faire des mathématiques cette année. Et au moins j'aurai, comment dire, un aperçu de la fac.

Je veux aussi trouver un travail, parce que je peux *enfin* conduire. Et je vais être en terminale, et dans mon école, ça signifie que j'aurai moins de cours. Ah ! Et j'ai besoin d'argent aussi.

Maman a trouvé un groupe d'écriture et je pense que ce serait vraiment drôle de l'accompagner.

Ah ! Et maintenant que je conduis, je peux enfin chercher une compagnie théâtrale de proximité ou quelque chose auquel participer. J'en ai marre de ne connaître du théâtre que les pièces que j'invente.

Cette année, il y a fort à parier que je me voie attribuer la réalisation de l'album de promotion, car seul Justin et moi savons assembler des pages et il l'a déjà fait l'an dernier.

Et maintenant cette pièce ! Je vais sans doute devoir la diriger aussi, qui d'autre que moi en serait capable ? Peut-être J.D., mais je ne crois pas qu'il aimerait diriger *ma* pièce. On va sûrement m'attribuer la réalisation des costumes aussi. J'ai vraiment hâte !

Waouh, ça fait beaucoup, je m'en rends bien compte. Je vais sûrement devoir abandonner quelque chose, voire plusieurs. Quoi qu'il en soit, je brûle d'impatience d'avoir de quoi m'occuper, ça me changera.

Il ne me reste plus qu'à guérir de cette stupide maladie et à me mettre au travail.

SEPTEMBRE 2007

CHANGEMENT

Je crois bien que je vais mieux. Ou du moins assez bien pour pouvoir faire des trucs, ce qui revient à dire que je vais mieux.

Et demain, je reprends les cours. L'été est fini. Que va m'apporter cette année scolaire ? C'est ma dernière année de lycée. Vous savez ce que ça signifie ? Tout est en train de changer.

Parfois, j'ai l'impression que les choses resteront toujours les mêmes, en particulier dans ma famille. Mon frère Matt annoncera toujours qu'il veut quitter l'église, déménager, se trouver une copine, mais n'en fera rien. Il sera toujours à court d'argent. Et il fera rire tout le monde en débitant des bêtises.

Ma sœur Amy ira toujours dans des endroits extra et rencontrera des gens super. Elle plaisantera sur le fait d'avoir un petit copain mais n'en aura jamais. Et elle finira toujours par rentrer à la maison.

Ben détestera toujours autant les filles et sera toujours accro au sport.

Steven fera toujours des trucs idiots pour amuser la galerie.

Jenny sera très mignonne et continuera de me casser les pieds.

Pour toujours.

Pourtant, tout est en train de changer. Vraiment. Et je pense pouvoir le gérer. Je veux dire, que mes frères et sœurs changent. Mais je ne sais pas si je suis capable de gérer ma situation.

Quoi qu'il en soit, j'ai devant moi une année de terminale qui s'annonce extra.

AMY

Ma grande sœur Amy est partie enseigner en Caroline du Sud. Et à chaque fois qu'une personne de plus de vingt-sept ans veut me faire la conversation, la première chose qu'elle me demande est : « Comment va ta sœur ? »

Seulement je ne sais pas.

Nous ne nous parlons pas au téléphone. Je n'aime pas trop le téléphone. Nous ne nous envoyons pas d'e-mails non plus. Les premières semaines, nous avons chaté sur Internet, mais elle ne s'est pas reconnectée depuis.

Et ces gens qui me demandent : « Comment va ta sœur ? L'enseignement lui plaît ? »

Et moi de répondre : « Euh, je pense, oui. Je crois qu'elle va très bien. Du moins, c'était le cas la dernière fois que je l'ai eue.

– Tu lui parles souvent ? poursuivent-ils.

– On chate de temps en temps sur Internet.

– Qu'est-ce que chater ? » demandent-ils s'ils ne connaissent pas ce terme.

Voilà ce à quoi j'ai tout le temps droit.

Donc imaginez ma joie quand, l'autre jour, je me suis connectée et j'ai vu qu'Amy était elle aussi en ligne. Je lui ai envoyé un message très chaleureux. Elle m'en a retourné un. C'est à ce moment-là que quelque chose de curieux s'est produit.

Je lui ai écrit un mot. Elle m'a répondu : « Emily ? Tu es là ? »

Je lui en ai écrit un autre. Elle m'a répondu : « Emily ? Tu es toujours là ? »

C'était frustrant. Je lui ai envoyé un troisième message.

J'ai entendu un « ding » me signalant un message. C'était un message marron disgracieux qui m'informait que mon message n'avait pas pu être envoyé.

J'ai renvoyé un message de frustration en tapant du poing sur le clavier, quelque chose comme « sdkjfejkl fhkdhfdjhxdjk ».

Mais voilà qu'un autre « ding » a retenti : « sdkjfejkl fhkdhfdjhxdjk n'a pas pu être envoyé. »

C'est à ce moment-là que j'ai abandonné. Je ne sais toujours pas comment va ma grande sœur.

L'AFFRONTER

Ce matin au réveil, je me suis sentie patraque.

Maman est partie en voyage. Je ne vous l'ai pas dit ?

Je ne me sentais pas très bien, mais pas horriblement mal non plus. Seulement j'avais l'impression d'être malade et je savais qu'il valait mieux que je n'aille pas au lycée.

J'ai appelé papa. Il a été très désagréable et m'a fait pleurer, mais je pense que mon état n'y était pas étranger.

Quoi qu'il en soit, après cette conversation très pénible, il m'a autorisée à rester à la maison. J'ai dormi. Dormi, dormi, dormi. À mon réveil, je suis descendue à la cuisine pour manger le reste de poisson de la veille et le téléphone a sonné.

C'était mon père, qui est aussi mon professeur. Il voulait savoir si je pouvais venir en cours pour le reste de la journée. J'ai accepté, en partie parce que je me sentais un peu mieux, mais surtout parce que rester à la maison me donnait mauvaise conscience. Je ne sais pas exactement pourquoi. Mais je me suis sentie vaseuse tout le temps où j'étais en cours et je n'ai pas fait grand-chose.

Ç'a été bien pire une fois à la maison. Quand je suis malade, j'ai toujours le cafard. Mais là, c'était le bouquet ! Entre papa qui me fait culpabiliser pour toutes les choses que je ne fais pas, mon entourage qui ne me croit pas vraiment malade parce que je m'efforce de le cacher et la maison qui tombe en ruine sous mes yeux… Le sol est dégoûtant, le réfrigérateur commence à sentir et le linge sale s'empile. C'est horrible.

DIX ANECDOTES SUR MOI

L'odeur de la mouflette ne me dérange pas.

J'aime bien retirer les petites peluches grises qui se trouvent dans les poils des brosses à cheveux. Et enlever tous les fils et cheveux de la tête d'aspirateur.

Nous sommes six enfants dans ma famille : deux plus âgés et trois plus jeunes que moi. J'adore faire partie d'une grande famille. J'aime aussi bien me retrouver en famille qu'avec mes amis.

La pâte à tarte fait partie de ce que je préfère manger.

Mon personnage préféré du *Seigneur des Anneaux* est Gollum (dans le film, du moins).

Je suis mennonite. C'est un mouvement religieux chrétien qui partage beaucoup de principes avec la communauté Amish (mais nous ne nous baladons pas en boghei et nous avons le droit à l'électricité).

Je m'endors plus facilement en plein après-midi sur le canapé du salon au milieu de mes frères et sœurs qui chahutent que la nuit au calme dans mon lit.

Chaque nuit, je rêve d'à peu près tout le monde : d'inconnus avec qui je me suis retrouvée dans une file d'attente, de personnes dont j'ai lu le blog sur Internet. Il y a de grandes chances pour que j'aie déjà rêvé de *vous*.

Mon lycée est une école mennonite qui ne compte que 32 élèves, moi incluse. Là-bas, les élèves sont très unis et forment une grande bande d'amis. Mon père fait même partie de mes professeurs.

Vous voyez l'économiseur d'écran où des tuyaux partent dans tous les sens et disparaissent petit à petit ? Quelquefois, la boule qui sert à joindre les tuyaux est remplacée par une théière. Il suffit qu'un ordinateur soit configuré avec cet économiseur d'écran pour que je m'asseye devant et guette les théières pendant des heures.

RÊVER

Je suis le genre de personne qui ne se réveillera pas si personne ne la réveille. C'est le fin mot de l'histoire.

Quand je reste à la maison parce que je suis malade, et que ma mère et ma sœur sont absentes, je dois imaginer tout un système pour me réveiller seule car je pourrais dormir jusqu'à 15 h 30, heure à laquelle tout le monde rentre de l'école.

Mais j'ai trouvé la solution. Je m'assure l'aide du radio-réveil de ma sœur qui, comme vous l'aurez certainement deviné, déclenche la radio et non une série de bips agaçants et violents pour mes délicates petites oreilles.

Ce stratagème semblait fonctionner les matins précédents. Mais ce matin, au lieu de me réveiller, je me suis mise à rêver de la *Nouvelle Star*.

La fille présente sur scène était formidable. Elle s'était opposée à tous les stylistes et à tous ceux qui lui disaient quoi porter et quoi chanter. Elle était vêtue d'une robe de l'époque des pionniers et chantait une chanson sur la volonté de faire des choses qui dureraient toute la vie. Et elle mentionnait tout le temps Dieu. Je la trouvais incroyable. C'était mon héroïne.

Pourtant, tout le monde se moquait d'elle. La concurrente suivante est montée sur scène à son tour. Sa chanson tournait en dérision celle de la « pionnière ». C'était pathétique. Miss « pionnière » est alors remontée sur scène et s'est mise à chanter avec sa rivale, et elles se sont toutes deux disputées en chanson à propos de ce qui importait dans la vie.

Je voulais absolument que mon héroïne gagne. J'étais vraiment fière d'elle. Puis je me suis rendu compte que le troisième candidat n'était autre que Brandon, ce garçon génial qui fait partie du groupe de jeunes de mon église !

Mais alors que j'étais assise là, à me demander sérieusement si je devais encourager Brandon ou cette fille incroyable qui n'avait pas peur d'exprimer ses croyances sur ce qui importait dans la vie, je me suis réveillée et me suis rendu compte que la radio beuglait. Tout s'explique !

PRISE DE SANG

Aujourd'hui, j'ai fait une prise de sang. Deux semaines de maladie, c'est long. Ma mère commence à envisager qu'il ne s'agit pas d'une énième grippe à la Emily mais bien d'autre chose, comme la mononucléose.

Nous nous sommes rendues à la clinique Harrisburg, où j'ai eu droit à la totale… le lien en caoutchouc en haut du bras, la balle en mousse à presser, maman qui me tient la main, le docteur qui me dit que ma veine est parfaite, et mes yeux qui se ferment quand l'aiguille plonge dans mon bras.

Aïe. Si certaines prises de sang sont indolores, celle-là n'en faisait pas partie. Ensuite, le docteur m'a demandé ce que je pensais de ma première prise de sang, ce qui était insensé car c'était loin d'être ma première. Eh, on parle de moi là, la malade à plein temps !

Je me demande si quelque chose de plus sérieux ne se cache pas derrière ma grippe à la Emily. Je me demande quand j'irai mieux. J'en ai ras le bol d'être malade. Je prends du retard et je me sens inutile.

Mais qu'est-ce que je peux y faire ? Dieu est à mes côtés.

OCTOBRE 2007

L'ATTENTE

Je suis toujours malade.

Oui, ça va faire trois semaines maintenant. C'est très long, même pour moi. C'est déprimant. On m'a prélevé mon sang il y a une semaine, et lundi, ils nous ont annoncé qu'ils avaient (oups !) oublié de l'envoyer pour le faire analyser. J'ai dû y retourner, mais cette fois-ci je n'ai presque rien senti, Dieu merci. Nous saurons peut-être dans les prochains jours si j'ai une maladie horrible ou si ce n'est qu'une très très longue grippe à la Emily.

J'ai quelques difficultés à écrire la pièce. Elle est trop courte, et la rallonger s'avère plus compliqué que prévu.

Nous saurons peut-être demain si j'ai ou non la mononucléose.

SE SENTIR BIEN

Je me sens beaucoup mieux, merci beaucoup. Je pensais que ce moment n'arriverait jamais mais j'avais tort.

Il s'est passé beaucoup de choses dernièrement.

Je suis allée à l'église et j'ai été félicitée par une foule de gens pour mon rétablissement. C'était très agréable.

L'après-midi, après déjeuner, je suis allée chez Stephy et Justin. Comme au bon vieux temps.

Nous faisions les imbéciles avec leur vieux caméscope, quand Justin est entré et s'est affalé sur le lit. J'ai décidé de l'interviewer. J'ai déclaré qu'il était un poète célèbre, car il passe son temps à écrire des poèmes comme : « Je me promenais dans la forêt, je cherchais des furets ; j'étais pieds nus, j'ai vu un ru. » Des trucs comme ça.

Je voulais lui trouver un autre nom que Justin Smucker, j'ai donc parcouru la chambre des yeux pour trouver une idée. Mon regard s'est arrêté sur une boîte à chaussures Muratti posée sur l'étagère de l'armoire.

J'ai lancé l'enregistrement. « J'ai l'honneur d'interviewer le célèbre poète Mur Atti ici présent », ai-je fait.

Justin a répliqué d'un ton monocorde : « J'aime les murs. Les murs m'inspirent. »

Ah ! Que c'était drôle ! Je suis contente de m'être trouvée derrière la caméra, ainsi je n'ai pas été filmée en train de rire. Je suis très douée pour rire en silence. Mais la caméra a beaucoup bougé.

Nous avons parlé de ses anciennes histoires d'amour avec Bug Atti, Maser Atti, et de son actuelle histoire avec Du'c Atti.

« *Du*, c'est le raccourci de quelque chose ? ai-je demandé.

– De duo, car il y en a deux, a répondu Justin, vous savez, *duo* veut dire être deux. Par exemple, chanter en duo.

– Alors... elle a deux têtes ? ai-je demandé l'air perplexe.

– Non, a-t-il répondu d'un air grave, elles sont deux. »

Stephy et moi nous sommes tordues de rire.

La vie est vraiment extra quand on se sent bien. Plus j'avance, plus je réalise que la maladie pourrait me la gâcher.

Comme pour les cours de mathématiques supérieures, par exemple. Cet hiver, Justin et moi devrons nous rendre à la fac en covoiturage pour y assister. Ce serait marrant que notre amie Bethany y participe elle aussi, mais elle ne fait que le strict minimum pour être diplômée.

Et au vu de mes récents états de santé, mes parents ne sont plus sûrs de vouloir me payer des cours si c'est pour que je tombe malade et échoue. Justin, lui, est très optimiste. Il dit que j'ai utilisé tous mes crédits maladie de l'année et que, par conséquent, je ne peux pas retomber malade. Je crois que ça ne l'enchante pas de faire le trajet tout seul jusqu'à Albany plusieurs fois par semaine.

Je pense que je serai en bonne santé d'ici les cours de maths. Mais comment convaincre mes parents ?

COMMUNION

Parfois, j'ai l'impression d'avoir le plancher au-dessus de ma tête et le plafond sous mes pieds.

Et parfois, j'ai l'impression que je serai malade toute ma vie.

Parfois, j'ai l'impression que je ne pourrai jamais rien faire de ma vie, que mon état me contraindra à rester chez moi.

Et d'autres fois, j'ai l'impression de passer à côté d'une grosse partie de ma vie que la maladie a remplacée.

Je me suis tant amusée le peu de temps où j'étais en forme. Je pensais : *Maintenant je peux enfin rattraper le temps perdu. Je peux sortir avec mes amis. Faire mes devoirs. Faire mille choses et* être *quelqu'un.*

Puis la communion est arrivée.

Cette année, c'était différent. Différent de tout ce que j'avais connu. Je n'étais pas suffisamment solennelle et sereine pour penser humblement à la mort du Christ. Non. Sur la route pour acheter le pain, je dansais. J'étais heureuse, je sautillais. Je n'arrêtais pas de penser : *Je vais bien ! Je suis enfin rétablie.* Et il s'est produit quelque chose qui a tout remis en question.

Je l'ai sentie. Cette sensation de brouillard. Ces petites douleurs crâniennes qui surgissent du bas de la nuque. Ces sensations qui précèdent *toujours* ma maladie. Assise dans l'église, je les ai senties. Je ne savais pas quoi faire. J'avais envie de pleurer. Pleurer comme une Madeleine. Mais j'ai contenu mes larmes.

L'office s'est terminé et tout le monde était très heureux pour moi, ravi de me voir en meilleure forme. Partout où j'allais il y avait des gens, une foule de gens. Ils me demandaient tous la même chose : « Tu te sens mieux ? »

Et moi de dégainer un sourire tout fait et d'articuler ces mots plaisants mais malheureusement faux : « Oui, beaucoup mieux. » Je voulais à tout prix qu'ils soient vrais, mais intérieurement, je hurlais : « Non ! Brouillard ! Migraine ! Je suis malade, *encore*. Où va le monde ? »

Trop de gens. Trop de questions. Trop de douleur. Je suis sortie me réfugier dans la camionnette, loin de toute cette agitation. Et j'ai fondu en larmes en voyant mon avenir partir en fumée.

PASSER LE RELAIS

Il m'est arrivé quelque chose. Quelque chose de si énorme que ça dépasse l'entendement.

Je suis une éternelle anxieuse. J'ai peur de rater mes examens, peur de la réaction de mes parents, peur de ne pas réussir ce dans quoi je m'engage. Je m'inquiète tellement que je me rends malade, et rien ne semble pouvoir résoudre ce problème.

Le soir de la communion, quand j'ai grimpé dans la camionnette et pleuré, je me suis rongé les sangs comme jamais. Tout ce que je m'efforçais d'oublier a ressurgi.

Après un an et demi sans maladie apparente, je m'étais figuré que tout irait bien. Que si je ne mangeais pas les aliments auxquels je suis allergique, je vivrais normalement. Et maintenant ? Malade à trois reprises. Qu'est-ce que ça signifie ?

Et mes devoirs ? Vais-je pouvoir les faire dans cet état ?

Mes projets ? Comment suivre les cours de mathématiques supérieures si je peux tomber malade à tout moment ? Qu'arrivera-t-il si je trouve un travail et tombe malade pendant deux semaines ?

Et mon avenir ? Que me réserve-t-il ? Tout ce que je voulais faire – travailler, aller à la fac, faire du bénévolat, étudier dans un Institut biblique et même me marier et avoir des enfants – n'est plus envisageable. Comment m'engager dans quelque chose tout en sachant que je peux me trouver malade deux semaines d'affilée ?

Ce n'est pas comme si c'était dans un avenir lointain, vous voyez. Il s'agit de mon année de terminale. Avec un peu de chance, j'aurai mon diplôme. Et j'aurai dix-huit ans que je le veuille ou non.

J'étais folle d'inquiétude. Je ne pensais qu'à ça. Toute la nuit. Toute la journée. Des soucis, des soucis, des soucis. Impossible de les chasser.

Un soir, j'ai dit à Dieu : « Je ne peux pas gérer ça ! C'est trop pour moi. C'est *toi* qui as permis que je tombe malade, c'est à *toi* de t'en occuper. »

J'ai arraché mes soucis de mon esprit comme un vieux chewing-gum collé au fond d'une poubelle. J'ai informé Dieu de la nature et de la raison de mes soucis.

Puis je les lui ai remis : « Tiens Dieu, ce sont tes soucis maintenant. Pas les miens. »

Et ils se sont envolés. Pif paf pouf. Tout simplement.

J'ai pensé au lycée, à l'université, à du travail… à tout ce qui m'avait tracassée. Et j'ai souri intérieurement. Quelqu'un s'en chargeait pour moi, à présent.

Je ne saurais décrire cette sensation. C'était un peu comme une brise fraîche un jour de canicule. Comme sortir d'une pièce absolument hideuse et se retrouver dans un jardin d'une beauté inégalable. En un million de fois mieux.

LES MURS

J'ai décidé de tourner sur moi-même les yeux fermés en comptant jusqu'à vingt et un et d'écrire sur ce que je montrais du doigt. Je l'ai fait et devinez quoi ? C'est le mur que j'ai désigné.

Seulement il n'y a pas grand-chose à raconter sur un mur. Je pourrais dire que les murs m'inspirent et faire rire les personnes qui comprennent ce clin d'œil, mais ce serait mentir car les murs ne m'inspirent pas. Ou du moins pas vraiment.

Un mur blanc pourrait m'inciter à peindre un dragon ou griffonner dessus au lieu de faire mes devoirs, mais ce mur-là n'a rien d'un joli mur blanc qui favorise l'inspiration. Il est peint de curieux motifs bleu clair et taupe.

Les murs de la chambre d'Amy et de Jenny ont eux aussi des taches de peinture ici et là. Quand Jenny avait trois ans nous partagions cette chambre, et Amy avait celle où je suis actuellement. Ah, Jenny… elle mangeait tous mes chewing-gums, gribouillait sur tous mes livres et décorait les murs dès qu'elle avait l'occasion de fourrer ses mains dans de la peinture.

Mais elle n'a pas touché à cette chambre. C'est maman qui l'a peinte en bleu et marron avec une frise murale à l'effigie de

Jeannot Lapin. J'ai arraché la frise quand je me suis installée, mais le bleu et le taupe sont toujours là.

Je n'aime pas la couleur taupe.

Finalement, il y a bien un truc intéressant à propos de ces murs. Une tache bleue qui ressemble à une sirène.

C'est tout.

ANALOGIES

J'adore trouver des analogies. J'en ai fait une sur mon état de santé la nuit dernière.

Imaginez-vous couler lentement dans un marécage. Trois réactions s'offrent à vous :

1. Vous paniquez ;
2. Vous luttez en espérant que quelqu'un vous sorte de ce bourbier ;
3. Vous vous résignez et acceptez la situation.

Être malade, c'est à peu près pareil. Ou du moins être malade aussi longtemps sans vraiment savoir pourquoi.

Mais ce qui m'effraie, c'est que je ne panique pas, je ne lutte pas, et je n'attends pas que l'on vienne me sortir de là. Je m'y résigne peu à peu. Je ne sais pas pourquoi. Ce n'est pas vraiment intentionnel, mais je ne peux pas m'en empêcher. Il faut dire que les autres options ne sont pas engageantes non plus. Lutter est épuisant et l'on finit par abandonner. Et paniquer ne fait qu'empirer mon état.

C'est comme si ma vie était sur « pause ». Je ne sais pas à quoi m'attendre. Je ne sais pas si je souffre d'une maladie affreuse ou si quelque chose dans cette maison ou dans l'Oregon me rend malade, ce qui m'obligerait à déménager.

Alors je reste là à attendre que quelque chose se produise.

Je ne veux pas reprendre l'école. Je sais que c'est nul, avec tout le retard que j'ai accumulé et qu'il faudra bien rattraper. Mais c'est comme ça. En ce moment, pour moi, l'école ne représente qu'une grosse pile de retard. C'est comme si j'étais au pied d'un escalator qui descend et que j'essayais d'arriver tout en haut. Oui, je sais, une autre analogie. Les analogies, c'est génial.

Je vous ai dit que mes analyses sanguines étaient revenues négatives ? Je ne sais pas du tout où mène cette maladie. Pas le moins du monde.

ENCORE DES PROJETS

Aujourd'hui, j'ai terminé ma pièce de théâtre pour l'église. Pour de bon, je l'espère. Elle parle de personnages uniques jaloux les uns des autres. Nous avons prévu de la jouer vers Thanksgiving, je ne vous l'ai pas dit ? Ces personnages apprennent à être reconnaissants pour ce qu'ils ont au lieu d'envier les autres, parce que quelqu'un les envie eux aussi.

Demain, les pasteurs et leurs femmes vont prier pour moi en m'oignant d'huile comme énoncé dans Jacques 5 : 14-15.

J'espérais aller mieux aujourd'hui. C'était tout ce que j'avais en tête. Et pourtant, j'étais au plus mal.

Je ne sais toujours pas vers quoi je me dirige. Mais je suis sûre d'une chose. Je vais me battre comme une folle pour faire la pièce. Je veux la faire. Je dois la faire. Je la ferai même si, pour une raison qui m'échappe, Dieu ne le veut pas.

Et voici mon plan : après l'onction d'huile, j'irai mieux. La Bible ne dit-elle pas que la prière faite avec foi sauvera le malade ? Ou quelque chose comme ça.

Je pense que je ne retomberai pas malade avant un certain temps. Je vais travailler très dur mes devoirs et essayer de prendre de l'avance parce que je tombe souvent malade au printemps.

Je ne pourrai sans doute pas avoir de travail mais je tiens vraiment à apprendre les mathématiques supérieures. Je pense pouvoir m'en sortir si je suis malade quelques jours, Justin pourra me faire passer ce que j'ai manqué. Et je ferai la pièce. Il le faut.

REPRÉSENTATION ANNULÉE

À un moment donné, quand une chose exceptionnelle doit vous arriver, vous vous trouvez envahi par la peur, la peur que quelque chose tourne mal et qu'au final cette chose exceptionnelle ne se produise pas. Alors vous tentez *désespérément* de faire en sorte que tout se passe comme prévu, et vous tombez de haut.

Je comptais sur cette pièce. Elle allait me permettre d'avancer. J'avais tout planifié. Pourquoi rien ne se passe jamais comme prévu ?

J'ai terminé la pièce. J'ai pensé : *Et maintenant ?* J'ai écrit une longue lettre de désespoir à Jeanette, notre jeune marraine, pour l'interroger sur divers aspects de la pièce et m'assurer ainsi que la représentation aurait bien lieu.

Je ne voulais pas que mon désespoir se lise, mais j'avais peur… j'étais terrorisée. Une question venait toujours s'ajouter à la précédente, une nouvelle chose qui pouvait mal tourner, et j'essayais vivement de réprimer celle qui surgissait sans cesse dans ma tête : *Et si je ne vais pas mieux ?* Je voulais qu'elle me réponde sur-le-champ et qu'elle me rassure.

Elle ne l'a pas fait.

Je n'ai pas mis longtemps à réaliser que le problème ne venait pas tant des questions que j'avais posées mais de celle que j'avais omise. *Si je ne vais pas mieux, qui se chargera de la pièce ?*

La réponse à cette question est : personne. Et il n'y a aucune garantie que mon état s'améliore et se stabilise.

J'en ai discuté avec Jeanette, et nous avons conclu que nous ne pouvions pas prendre ce risque. La pièce, *ma* pièce, est annulée.

LE SOUHAIT

J'ai le souhait improbable qu'un caméscope numérique arrive mystérieusement avec mon courrier. J'ai vraiment envie d'un caméscope numérique. Je vérifie tous les jours à la porte si l'on ne m'en a pas livré un.

Dorénavant, je ne rêve plus d'aller mieux. Aller mieux implique que je peux retomber malade, donc prendre du retard, échouer, tout perdre, me hisser en haut de l'échelle pour mieux dégringoler.

Et d'une certaine façon, recevoir un caméscope numérique de la part d'un bienfaiteur inconnu me semble bien plus probable que retrouver la santé.

POTION MAGIQUE

Je reçois des cadeaux. Des cartes, principalement. La plus adorable venait de tous les élèves de l'école. Stephy m'a écrit un poème.

Bethany est une amie fidèle. Elle est passée me voir la semaine dernière et m'a apporté un cadeau de la part de sa mère. C'était un merveilleux panier garni avec des biscuits salés et du fromage liquide (vous savez, ce fromage que l'on trouve en spray), et deux tee-shirts blancs avec de super marqueurs pour les décorer à mon goût.

Elle est revenue dimanche pour m'apporter son cadeau à elle. Il y avait une bouteille de bain moussant en forme de pantoufle de verre, une écharpe verte à poils et une crème pour le corps.

Phebe se demandait si elle pouvait passer me voir avec des copines. J'ai trouvé l'idée géniale.

On a frappé à la porte. Étaient-ce elles ? La porte s'est ouverte et une ribambelle de belles jeunes filles est entrée avec une immense boîte recouverte de papier doré dans les mains. Pour me remonter le moral, elles avaient rempli la boîte de tous les meilleurs trucs possibles et imaginables (à l'exception d'un caméscope numérique). Il y avait des vêtements, des chaussures rose fluo, du thé, une coupe et des cartes remplies de mots adorables. Il y avait aussi une montagne (bon j'exagère, une colline) de bonbons, ce qui tombait mal parce que maman m'oblige à réduire les sucreries pour relancer mon système immunitaire. Il y avait des carnets ravissants qui allaient m'inspirer. Un film et un livre, tous deux très intéressants. Et tout au fond de la boîte dorée se trouvait la chose la plus géniale au monde. Ce dont je rêvais depuis que je suis malade. Une bouteille de potion magique.

Elle ressemblait étrangement à une bouteille de Pago à la fraise, l'un des rares jus de fruits que je peux boire. Mais sur l'étiquette dorée, on lisait clairement « Potion Magique ».

Je ne voulais pas la boire d'un trait. Je voulais la savourer. Je n'ai bu qu'une gorgée et j'ai gardé le reste pour plus tard.

Dès que j'y pensais, je prenais une autre gorgée de cette merveilleuse bouteille de potion magique. Mais je la savourais peut-être trop. Ou alors la potion aurait dû porter une étiquette dorée qui indiquait « Conserver au frais ». Ou je suis simplement idiote de ne pas y avoir pensé. Quoi qu'il en soit, je n'ai *pas* mis la bouteille de potion magique au frais une fois ouverte.

Ça ne m'était même pas venu à l'idée avant ce soir, c'est-à-dire plusieurs jours après, quand j'ai à nouveau farfouillé dans la boîte dorée. À la base, je voulais juste ma dose de bonbons, mais je suis tombée sur la potion magique. Il en restait plus de la moitié.

Était-elle encore bonne ? J'ai goûté. Elle avait un petit goût bizarre mais était encore buvable. Je me suis dit que je ferais bien de la finir avant de devoir la jeter.

J'ai pris une grande lampée.

J'ai senti quelque chose de solide et poilu dans ma bouche.

J'ai tout recraché dans la bouteille.

Puis, à mon grand regret, je suis allée la vider dans l'évier. Tel fut le triste destin de ma potion magique.

NOVEMBRE 2007

PINGOUINS CHANTEURS

Combien de temps s'est-il écoulé ? Je suis toujours malade. Si ce n'était plus le cas, je vous l'aurais dit.

Je suis toujours malade. Qu'y a-t-il à ajouter ?

Je vis toujours.

Je rêve toujours. Mes rêves sont magnifiques et agréables. Que ferais-je sans mes rêves ?

Ma vie est bien loin d'être aussi passionnante que mes rêves. Pas de pingouins chanteurs, ni d'amis de quatorze ans qui décident de se marier et de vivre dans un sac à dos jaune et noir, ni de morsure mortelle de serpent qui amène mon père à comparer les prix des hôpitaux pour me faire soigner.

J'avance péniblement dans la vie. Je bois de l'eau en bouteille, j'avale des médicaments supposés me guérir, j'attends des résultats d'analyses sanguines, je lis un livre sur les dragons et je me chamaille avec ma petite sœur.

Aujourd'hui, nous nous sommes disputées et voici comment ça s'est fini :

Moi : Ça n'a aucun sens.

Jenny : J'ai bien compris ce que tu as dit mais j'ai envie de prétendre le contraire. Voilà.

POÈMES HOBBIT

Après avoir lu *Bilbo le Hobbit*, j'ai voulu mieux comprendre l'œuvre en écrivant tous les poèmes dans mon carnet coccinelle.

J'avais ignoré les poèmes depuis le début, ou je les avais juste parcourus rapidement pour ne pas perdre le fil de l'histoire. Mais cette fois-ci, je voulais vraiment me plonger dedans.

Inutile de préciser que j'ai abandonné après les trois premiers poèmes parce que le suivant était vraiment très long. Mais ce n'est pas le but de cette histoire.

Il y en avait un vraiment drôle qui parlait de fêler les assiettes et tordre les fourchettes de Bilbon Sacquet. L'autre était fascinant et amusant à réciter : « Loin au-delà des montagnes froides et embrumées/Vers de profonds cachots et d'antiques cavernes. » Je ne me souviens pas du troisième, à l'exception du premier vers qui tourne en boucle dans ma tête.

« Ah ! Que faites-vous/Et où allez-vous ? » demande-t-il.

Je ne sais pas. Sérieusement, où *vais-je* ? Nulle part. Je dois bien aller quelque part, pourtant. Oui, je suis malade, mais je dois bien prendre un chemin. Mais lequel ? Hein ?

Et qu'est-ce que je fais ? Honnêtement, qu'est-ce que je fais ? La plupart du temps, je reste allongée à déprimer. Je me demande bien où je vais et ce que je fais. Je suis inactive et je déteste ça. Mais je ne vois pas comment faire autrement.

LES SEPT PRINCESSES

J'écris davantage. Généralement, j'écris très peu quand je suis malade, par manque d'inspiration. Mais pas aujourd'hui.

Je suis tombée sur une liste de livres que ma sœur veut avoir, et l'un deux s'intitulait *La Princesse ordinaire*. C'est du moins ce que je pense avoir déchiffré. Quoi qu'il en soit, ça m'a rappelé un livre que j'avais lu, *La Princesse ordinaire*. Il était bien à l'exception d'un détail : si l'on observait le pied gauche de la princesse sur la couverture du livre, on voyait que ses ongles de pieds étaient rouges. J'ai attendu tout le livre qu'elle se peigne les ongles de pied en rouge, mais ce n'est jamais arrivé.

Ça m'a donné l'idée d'écrire une histoire sur une princesse qui se peint les ongles de pied en rouge. Mais au fil de l'écriture, l'histoire s'est transformée en un récit comprenant sept princesses – Adeline, Brunhilde, Carmelinda, Delphinium, Esmerilda, Fanica et Grum-ah-lum-ah-tum-tum – qui passent leur temps à boire des potions interdites qui leur font faire n'importe quoi. Je ne terminerai probablement jamais cette histoire, mais c'était très amusant.

Je pense que je finirai par écrire des histoires pour enfants. Je n'ai jamais vraiment voulu faire autre chose. D'ailleurs, je n'ai même jamais vraiment voulu *lire* autre chose. Les livres pour enfants me permettent de m'évader, contrairement aux autres livres.

EN PARTIE POSITIF

L'une de mes analyses de sang s'est révélée en partie positive. Celle pour le virus du Nil occidental. Les résultats disent que j'ai peut-être le virus du Nil occidental et que je ne l'ai peut-être pas. Pour en avoir confirmation, je dois faire des analyses approfondies beaucoup plus onéreuses.

Attendez, mais comment ce truc fonctionne-t-il ? Je l'ai et je ne l'ai pas ? Qu'est-ce que c'est que ces résultats à la noix ? Je n'aurais jamais imaginé que des résultats pouvaient être aussi *imprécis*.

Ma mère est dans tous ses états parce qu'il n'existe aucun traitement contre le virus. Moi, je ne pense pas en être atteinte.

C'est vrai, je tombe tout le temps malade et il n'y a jamais de noms. Il s'agit tout simplement d'une énième grippe à la Emily. Selon moi, c'est une allergie à quelque chose en Oregon ou dans cette maison qui provoque mon état.

À douze ans, ma mère m'a emmenée chez un médecin à Creswell qui m'a fait toute une série de tests d'allergie. J'ai restreint mon alimentation et ma santé s'est nettement améliorée. À présent, papa et maman pensent : « Le docteur Hanson nous a vraiment aidés en ce temps-là, je me demande s'il pourrait nous aider à nouveau. »

En général, je ne suis pas du tout à l'aise avec les médecins et en particulier les hommes. Et je n'aime pas trop y aller. Pourtant j'ai vraiment hâte de voir le docteur Hanson. Je veux l'entendre dire : « Tu es allergique à l'Oregon. Tu dois déménager. » Et je pourrais aller vivre en Caroline du Sud avec Amy, par exemple.

J'ai toujours été jalouse de ces filles dans les livres, qui partent vivre dans un tout nouvel endroit. Seulement elles ne sont jamais *contentes* de déménager. Je lis encore ce genre de livres, et je me dis : *Mais vous êtes folles ? Pourquoi ne vous réjouissez-vous pas à l'idée de quitter vos parents pour partir vivre en Suisse avec une tante ou un oncle super et d'intégrer une école démente ?*

Surtout ne vous méprenez pas. J'adore ma famille. J'adore mes amis. J'adore mon église. Mais le plus important à mes yeux reste l'aventure et ma santé, et mon plus grand souhait est de trouver ces deux choses en partant vivre ailleurs.

C'est pourquoi je suis impatiente de voir le docteur Hanson. S'il me disait « Déménage », mes parents l'écouteraient.

INSOMNIE

J'ai toujours trouvé idiot de faire une nuit blanche. Les gens racontent toujours à quel point veiller toute la nuit avec ses amis en faisant les fous est génial, mais croyez-le ou non, je n'y vois aucun intérêt. Il y a mille choses bien plus drôles à faire entre amis et qui ne vous rendront pas de mauvaise humeur le lendemain. Le sommeil est quelque chose d'important, et la nuit est faite pour ça. À vrai dire, il m'arrive de faire des insomnies. Et j'aime bien veiller tard, surtout lors de soirées pyjama. Mais pas toute la nuit.

Mais voilà que je n'ai pas dormi de la nuit.

Ce n'était pas intentionnel. D'ailleurs, j'ai passé la soirée seule (sauf si l'on compte ma petite sœur qui s'est levée au milieu de la nuit pour aller aux toilettes). Mais c'est arrivé… involontairement.

Me voilà donc avec une horrible migraine. Il est 7 h 57, et comme les poissons, je ne peux fermer l'œil.

Stupide insomnie.

La bonne nouvelle, c'est que je peux désormais me vanter d'avoir involontairement passé une nuit blanche, ce qui est quand même plutôt cool.

Pour information, presque toutes les nuits, entre 23 h et 4 h, mon frère Steven donne des coups dans le mur dans son sommeil.

VIRUS DU NIL OCCIDENTAL

Le problème avec l'espoir, c'est que quand la réalité vous revient en pleine figure, le choc est tel qu'il est impossible de retenir ses larmes. C'est inévitable.

En tout cas, je n'ai pas pu l'éviter.

Oui, j'ai bel et bien pleuré en sortant du cabinet du docteur Hanson. Oui, j'étais embarrassée. Et oui, j'aurais aimé pouvoir me contrôler. Mais c'était au-dessus de mes forces parce que le docteur Hanson n'a rien dit de ce que je voulais entendre.

Voici ce qu'il a dit : « Au vu du résultat des examens, de ses symptômes et de mon expérience avec d'autres patients, je pense qu'elle est bien porteuse du virus du Nil occidental. »

Pardon ? Le *spécialiste*, lui, pense que je n'ai *pas* le virus du Nil. Que fait-on de son diagnostic, hein ?

Quand nous avons amené le sujet, le docteur Hanson a déclaré que le spécialiste devait avoir des arrière-pensées pour en arriver à cette conclusion. Grands dieux ! Pourquoi aurait-il eu des arrière-pensées ? Mais naturellement, maman préfère croire le docteur Hanson à l'énigmatique spécialiste.

Le docteur Hanson dit que je devrais prendre des bains contre la fièvre pour essayer d'éliminer le virus de mon système sanguin. Il dit que lorsqu'on est malade, la température du corps grimpe pour vaincre la maladie. Si je reste immergée longtemps dans un bain chaud, ma température augmentera et favorisera l'éviction du virus. En supposant, naturellement, que j'en sois bien atteinte.

L'idée de prendre un long bain chaud ne semblait pas très effrayante avant que je ne passe à l'acte ce soir.

Comment expliquer ce cauchemar ? Se retrouver entièrement immergée dans l'eau chaude à l'exception du visage dégoulinant de sueur. Ça ne semble pas si horrible, je l'admets. Mais après ce bain, j'étais dans un tel état de faiblesse que le fait de devoir repasser par là six fois de plus m'amène à penser que si j'arrive à traverser cette épreuve, je serai capable de résister à toute sorte de torture.

Si j'arrive au bout des sept bains contre la fièvre et que mon état reste inchangé, je pourrai peut-être convaincre mes parents que je n'ai pas le virus du Nil, mais nous devrons alors poursuivre les recherches.

PLAISANTERIES

Que se passe-t-il dans ma vie ? Premièrement, j'ai une nouvelle distraction : commenter le blog de ma mère sous divers pseudonymes. C'est vraiment drôle parce que c'est quelque chose que je fais régulièrement et elle ne devine jamais qu'il s'agit de moi.

Maman : Tu as lu ce commentaire sur mon site ? N'est-ce pas adorable ? [elle regarde le commentaire avec tendresse]

Moi : Tu connais une Julia Adams ? [me retenant vivement de rire]

Maman : Non, et toi ?

J'explose de rire.

Le visage de maman se transforme. Elle semble d'abord interloquée, puis étonnée, et finit par éclater de rire. « Moi qui pensais qu'il provenait d'une adorable jeune fille conservatrice et guindée de l'Iowa ! » dit-elle d'une voix entrecoupée.

Pour information, le couloir ressemble à une course d'obstacle. Pourtant, personne n'y fait rien.

Encore une chose. Une récente visite chez le médecin a révélé que je ne devais pas manger trop sucré. Dorénavant, mon thé est sucré avec du miel (ce n'est pas aussi mauvais que je le pensais) et mes gâteaux ont été remplacés par des biscuits salés.

SANS MOI

Je ne participerai pas au spectacle de Noël de l'école. Les rôles ont été attribués en mon absence. Je n'ai pas vraiment été surprise, mais c'est tout de même blessant. À croire que personne n'imagine que je peux guérir.

Je suis profondément affectée par tous ces rôles que je ne peux pas jouer. Et il y a ce rêve que j'ai fait la nuit dernière :

Je reprenais l'école. Je pensais aller mieux mais j'avais tort. Les choses prenaient une tournure bizarre et j'essayais de chasser les effets persistants de la maladie.

Puis Harmony Headings m'a demandé de participer à une saynète qu'elle et d'autres filles préparaient pour le spectacle de Noël. J'étais ravie. Ne pouvant participer à la vraie pièce, j'avais au moins celle-là.

J'espérais sincèrement jouer le rôle principal, un personnage féminin. Harmony a distribué les rôles un par un. Elle n'avait choisi personne pour celui de la fille. Je savais qu'elle me le réservait. J'étais surexcitée ! Mais elle n'a pas dit que je le jouerais. Elle n'a tout simplement rien dit.

« Et moi, quel rôle m'as-tu attribué ? La doublure ? » ai-je fait en plaisantant.

« Oui », a-t-elle répondu.

J'étais navrée, atterrée, scandalisée. Je n'y croyais pas. « Quoi ? »

Je me suis sauvée à toutes jambes, essayant de contenir mes larmes. Je me suis réveillée très triste. Je veux terriblement aller mieux. Pour jouer. Je veux que la vie cesse d'avancer sans moi.

BOURREAU DE TRAVAIL

Je deviens un bourreau de travail. J'essaye d'obtenir cent dollars en trois jours. Ainsi je m'use à faire toutes sortes de tâches ménagères pour lesquelles maman me paye.

Pourquoi ai-je désespérément besoin d'argent, me demanderez-vous ?

Un caméscope numérique. Voilà ce que je veux. Un caméscope numérique avec une bonne qualité de son et d'image. J'en meurs d'envie. Dorénavant, au lieu d'espérer que l'on m'en dépose un devant ma porte, je travaille pour me l'offrir, même si je suis un peu patraque. Je nettoie les meubles et range les livres. Je balaye le sol et fais la vaisselle. Mais passer l'aspirateur reste trop dur.

Malgré tout, maman est convaincue que je vais mieux. Papa aussi, mais lui, c'est ce qu'il semble toujours penser. Ça me rend dingue. *Non*, je ne vais pas mieux. Les bains contre la fièvre n'ont rien fait, à part me laisser penser que si j'y ai survécu, je peux survivre à quelques heures de travail par jour tant que je vois apparaître des caméscopes numériques dans ma tête.

Seulement maman est tellement persuadée que je vais mieux qu'elle insiste pour que je les accompagne sur la côte pour le rassemblement de toute la famille Smucker dans quatre jours. Super. Même si j'adore me retrouver entre Smucker, c'est beaucoup moins plaisant quand je suis malade.

Mais j'imagine que si j'ai survécu aux bains, je survivrai à ce rassemblement.

DÉCEMBRE 2007

RASSEMBLEMENT DES SMUCKER

Dans un premier temps, mon séjour sur la côte s'est révélé ennuyeux et monotone. Il n'y avait presque personne, et Rosie et Phil, qui étaient censés nous attribuer nos chambres, étaient partis se promener sur la plage.

J'ai atterri dans une chambre minable sans porte avec des lits superposés plus qu'inconfortables. Ma mère et moi avons fixé une couverture sur l'embrasure de la porte mais même ainsi, avec cette pièce au milieu du passage, il était difficile de trouver un peu d'intimité.

Je suis désolée d'annoncer que j'ai passé la plus grande partie du week-end à errer sans me trouver d'occupation. Tout le monde semblait toujours faire *quelque chose* auquel je ne pouvais pas participer. Se promener sur la plage ou jouer au ping-pong demandait de l'énergie, les jeux de carte de la vivacité d'esprit, or je n'avais rien de tout ça.

Cette nuit-là, j'ai fait une insomnie horrible, en partie à cause du manque de confort de mon lit mais aussi parce que je fais régulièrement des insomnies. Quelquefois je me perdais dans mes pensées, et ensuite j'étais incapable de savoir si j'avais dormi ou non. Ce n'est pas facile à déterminer quand on ne rêve pas.

J'ai entendu un bruissement. C'étaient des oncles et cousins qui se levaient pour aller pêcher. J'ai décidé de les rejoindre car je n'avais rien de mieux à faire.

Mais sortir de ce fichu lit m'a pris une éternité. Il était bordé bien trop serré, et celui du dessous était tellement bas que je me trouvais bien coincée. Je me suis sentie claustrophobe. Diantre. Je commençais à avoir affreusement chaud. Et à désespérer. *Calme-toi Emily, réfléchis. Tourne-toi dans un sens, puis dans l'autre.*

Après m'être froissé quelques muscles, j'étais enfin libérée de ce lit diabolique. Hourra !

J'ai discuté avec les pêcheurs, puis j'ai attendu que les autres se lèvent pour me traîner jusqu'au lit de mes parents. Il était confortable. Malgré tout, j'ai eu du mal à trouver le sommeil.

Mon plus beau souvenir du séjour date du soir même, quand Stephy et moi nous sommes installées sur un futon pour discuter pendant que les autres regardaient un film sur la tribu indigène Waodani. Je ne voyais que la moitié gauche de l'écran car un pilier me cachait l'autre moitié. Je me suis amusée à deviner ce qui se passait en décrivant à Stephy ce que je voyais.

Stephy, qui, à cause du même pilier, ne voyait que la partie droite de l'écran, ricanait et me décrivait elle aussi ce qu'elle observait.

Dès que les indigènes s'exprimaient dans leur langue, je lisais la moitié des sous-titres et elle l'autre moitié. Bien entendu nous aurions pu nous déplacer, mais c'était si drôle et insensé ! En somme, tout ce que l'on espère d'une relation entre cousines.

Ce soir-là, nous avons décidé de rester dormir sur le futon. Le salon était réservé aux garçons, mais il y avait beaucoup plus de futons que nécessaire, tandis qu'à l'étage, dans les quartiers des filles, le couchage était si limité que Stephy devait dormir à même le sol. Sans parler du manque d'intimité. Ma chambre n'était pas la seule à ne pas avoir de porte.

Cette nuit-là, j'ai beaucoup mieux dormi. Nous nous sommes chuchoté bien des secrets et le matin, en partant, je me suis dit que finalement, ce séjour n'avait pas été une totale perte de temps.

L'ASPIRATEUR

Les ciseaux étaient dans une coupe sur le haut de mon bureau. L'interphone gisait au sol. Une seule chose s'interposait entre nous : l'aspirateur qui pendait de mes cheveux.

Si j'atteignais le tiroir derrière moi, pourrais-je attraper mon poignard kenyan ? J'en doutais. Et supposons que j'y parvienne, il n'était pas très aiguisé.

J'ai jeté un autre coup d'œil à l'interphone. Pourrais-je l'atteindre ? J'ai tourné et retourné l'aspirateur autant que possible dans cette chambre minuscule, éloigné ma tête pour qu'il ne m'aspire pas la chevelure entière, et j'ai tâtonné dans cette direction. Ma main a touché un bouton. Je l'ai poussé, en espérant qu'il s'agisse du bon.

« À l'aide, s'il vous plaît ! » ai-je crié.

Steven, qui faisait ses devoirs au rez-de-chaussée, a entendu mon cri de désespoir et s'est précipité à mon secours. Il a ouvert la porte et s'est tordu de rire.

« Qu'est-ce qui s'est passé ? » a-t-il demandé.

D'un air penaud, je lui ai exposé ma fâcheuse situation. L'aspirateur n'ayant pas été passé dans ma chambre depuis longtemps, j'essayais de faire un travail minutieux. J'aspirais des moutons de poussière sous l'étagère à l'aide du tuyau quand j'ai senti une vive douleur à la tête. Je n'avais pas pensé que la tête de l'aspirateur aspirait toujours quand on utilisait le tuyau. Je n'avais pas non plus réfléchi au fait que de longs cheveux détachés n'étaient pas en sécurité près d'une tête d'aspirateur. Par conséquent, la machine avait réussi à s'emparer de mes cheveux et à les enrouler étroitement autour de la brosse rotative.

Mais tout s'est bien terminé. Steven est allé chercher les ciseaux, et je ne suis pas chauve.

LE SPECTACLE DE NOËL

Je dois toujours aller dans des endroits où je ne veux pas me retrouver. L'une des principales raisons est ce que l'on appelle le spectacle de Noël.

Quand j'ai jeté un œil au script, j'ai eu le cœur lourd. Mon nom n'apparaissait nulle part. J'aurais dû me douter que je n'en ferais pas partie, mais voir les noms de Bethany, Justin et Stephy sans Emily… je ne sais pas. Je l'ai pris comme un coup de poing dans le ventre.

Mon père voulait revoir le script avec moi pour que je lui dise quoi faire. Où se tiendraient les personnages pour réciter leurs répliques ? À quel moment devraient-ils entrer et sortir de scène ? Je lui ai tout expliqué.

Il voulait aussi que je l'aide à diriger. Mais il avait une curieuse façon de faire répéter les gosses, qui ne devaient jouer à proprement parler qu'au dernier moment. Je suis allée à l'école deux fois pour « aider à diriger » mais je n'ai pas fait grand-chose.

Le mercredi, j'ai quand même assisté à la représentation malgré mon état désastreux. Je me suis forcée car j'ai compris que c'était mon devoir. C'est ce qui m'a poussée à y aller.

À notre arrivée, Matt et moi nous sommes rués au balcon. Je ne voulais vraiment pas avoir à parler à quiconque.

J'ai regardé la pièce et me suis sentie complètement évincée. Je ne pouvais m'empêcher de penser à tous les « et si ». *Et si c'était moi sur cette scène ? Et si j'avais vraiment dirigé cette pièce ? Comme ce serait merveilleux !* Je m'imaginais sur ce banc chuchoter quelque chose à mon voisin en attendant mon tour de jouer. Je m'imaginais sur scène écouter le public rire à mes répliques cocasses. Je me voyais sur ces contremarches chanter de tout mon cœur. C'était exactement là où j'aurais dû être. Comme tous les autres.

J'avais le sentiment de ne pas exister.

À la fin de la représentation, papa s'est levé et a fait un petit discours pour remercier toutes les personnes qui avaient contribué au spectacle à leur manière. J'ai eu le bref espoir qu'il cite mon nom, j'aurais eu l'impression d'exister un peu. Mais il ne l'a pas fait. J'ai pleuré à chaudes larmes. Je touchais le fond.

Je me suis forcée à ne plus y penser pour le reste de la soirée car les larmes n'étaient jamais loin. Je me suis rappelé mon ami Alfonso essayant de faire la roue avec des patins à roulette aux pieds. Si vous avez déjà vu quelqu'un faire la roue avec des patins aux pieds, vous comprendrez pourquoi ce souvenir suffit à contenir ses larmes.

Après le spectacle, mes amis m'ont apporté à manger et nous avons passé du temps ensemble. C'était super. Mais je suis rentrée peu de temps après.

COÏNCIDENCES

Il y a quelques années, je mangeais une soupe aux palourdes quand j'ai aperçu une drôle de palourde noire et bleue. Je l'ai quand même mangée.

Plus tard, j'ai bu de la citronnade et j'ai eu la gorge en feu.

Après ce jour, dès que je buvais de la citronnade et que ma gorge me brûlait, je me disais que c'était dû à cette palourde noire et bleue qui m'avait certainement abîmé la gorge.

C'est curieux, parfois, quand deux choses se produisent au même moment, cette impression qu'elles sont liées alors qu'il ne s'agit que d'une simple coïncidence.

Je crois que le pire, c'est lorsque j'entre dans une pièce et que tout le monde éclate de rire. Je mets toujours un moment à comprendre que l'on ne rit pas de moi, car on ne m'a probablement même pas vue entrer. Une blague quelconque avait dû être racontée au moment où j'entrais.

UNE RÉVÉLATION MAGIQUE

Tous les ans, mon père nous emmène voir un match de football américain pour nous faire plaisir, mais je n'y suis allée que deux fois. Je ne suis pas une fan de sport. La première année, j'ai préféré m'abonner à un magazine, et l'an dernier j'ai choisi un livre géant. Cette année, papa m'a emmenée voir la pièce de théâtre *Un chant de Noël*.

C'était une très bonne pièce. J'étais vraiment heureuse. Nous sommes revenus à la voiture, et les lumières de la ville, l'air froid et piquant, le fait que mon père m'ait emmenée voir une pièce de théâtre alors qu'il n'aime pas trop ça… c'était vraiment magique !

Ensuite, nous sommes allés au supermarché car mon père devait faire des courses. Devant l'entrée se trouvait un étalage de roses. J'ai fait : « Papa, ça t'arrive d'offrir des roses à maman sans raison particulière ?

– Oui, parfois, a-t-il répondu. Tu aimerais que je t'offre des roses sans raison particulière ? »

Il proposait sérieusement de m'acheter une douzaine de roses !

Il y avait là-bas derrière une douzaine de magnifiques roses de toutes les couleurs. Puis comme je me tenais aux côtés de mon père et contemplais mes superbes roses, une idée brillante m'est venue à l'esprit.

Vous voyez, ma famille a prévu de visiter le Kenya au printemps, et pour ceux qui auront économisé assez d'argent, de faire un détour par le Yémen avant de rentrer. Mais oups, mon cousin Keith s'est fiancé et le mariage est prévu à la même date que l'était le Yémen. Cette partie du voyage a dû être annulée, ce qui m'a beaucoup peinée car je m'étais donné du mal pour économiser.

Et c'est donc à ce moment magique précis, comme je me tenais dans le supermarché aux côtés de mon père et contemplais mes roses, que j'ai eu cette révélation. L'argent du Yémen me permettra d'acheter un caméscope numérique, et même des cadeaux de Noël !

J'étais la fille la plus heureuse au monde.

C'était merveilleux.

MÉLI-MÉLO

J'adore ma montre. Dans un livre que je viens de finir, les personnages explosent leur montre à grands coups de marteau parce qu'ils ne supportent plus que leur vie soit dictée par le temps. Ça semblait super à la lecture, mais quand j'ai regardé ma montre, j'ai su que je ne pourrais jamais la fracasser car je l'aime trop.

Je ne sais pas pourquoi je garde les stylos que je n'aime pas. C'est sûrement parce que, peu importe le nombre de stylos super que j'ai, ils finiront toujours à l'école, sur mon lit, dans mes sacs à main et dans le pot à crayons de ma mère. C'est déjà arrivé. Et être à court de stylos, c'est affreux. C'est même pire qu'être à court de papier, parce que l'on peut toujours écrire sur sa main, sur une serviette ou sur des vêtements.

Une fois, j'ai eu un sac à dos bon marché qui a tenu une éternité, et je l'aimais plus que tous les autres sacs à dos que j'avais déjà eus ou que j'ai eus depuis. J'adore ce genre de choses.

C'est beaucoup plus marrant de recevoir des lettres que des e-mails, mais je n'en envoie pas. J'adorerais être le genre de personne qui pense toujours à écrire une lettre, mais je ne le suis pas.

J'adore découvrir des personnages de livres qui n'ont rien à voir avec ceux que je connais déjà.

J'ai eu un nouveau réveil aujourd'hui. L'ancien est fendu, et l'aiguille des secondes se retrouve en bas du cadran. Avant, je le prenais avec moi quand je lisais au lit et je maintenais enfoncé le bouton qui retarde l'alarme, mais ensuite les piles étaient à plat, mon alarme se déclenchait trop tard et je n'avais plus le temps de finir mes devoirs. Je devrais peut-être exploser mon ancien réveil à coups de marteau.

Quelquefois, j'aimerais que l'argent ne ternisse pas.

Je garde un livre sous mon matelas qui compare Dieu à une pomme. Vous savez, Dieu le Père, Dieu le Fils et Dieu le Saint-Esprit sont comme le trognon, la peau et la chair d'une pomme. Seulement je ne crois pas que Dieu soit comme une pomme. Je pense que Dieu est un peu comme la lumière. Parce que la lumière est quelque chose de très difficile à comprendre, quand on y pense. Elle est composée de toutes les couleurs possibles et imaginables que nous ne pouvons voir que si quelque chose les divise. Il y a tout un tas de choses que je ne comprends pas sur la lumière, et je pense que Dieu lui ressemble beaucoup. Nous ne comprenons pas pourquoi il est trois personnes en une parce que notre perception est limitée.

Je me demande pourquoi tout le monde adore distribuer sa photo au format portefeuille. Je ne l'ai fait que deux fois dans ma vie. Je l'ai fait parce que c'était à la mode, mais après je me suis dit : *Beurk ! Je fais quelque chose que je trouve nul uniquement pour faire comme tout le monde !* Je n'ai plus recommencé. Attention, je ne suis pas en train de me moquer des gens qui distribuent une photo d'eux tout sourire. Je me demande juste pourquoi tout le monde le fait. Les gens ont-ils en permanence sur eux des photos de leurs amis tout sourire parce qu'ils adorent ça ou juste pour paraître cool ?

L'ANNONCE

Voici ce que mon ami Justin Doutrich (que j'appelle généralement J.D.) a récemment posté sur son blog :

ANNONCE :

Si tu es une jeune fille proche de la vingtaine, Justin Doutrich sollicite tes services. La très estimée société Swartzendruber Construction organise un repas de Noël pour lequel chaque participant est tenu de venir bien accompagné. Ceci est une offre unique qui n'engage à rien. N'y vois pas là une quête de relation amoureuse mais plutôt un dîner gratuit pour avoir à supporter le jeune mâle mentionné ci-dessus pendant toute une soirée (de

18 h à 22 h). N'envoie pas ton C.V. mais un e-mail (utilise le lien du site). Voici mes conditions : la candidate doit être vivante, relativement jolie, devra bien se tenir et sentir bon. Envoie ta candidature pendant les heures de travail régulières.

Ton pays a besoin de toi.

Je l'ai trouvée très drôle, mais je n'ai pas postulé vu que je n'ai que dix-sept ans et que je suis malade. Mais visiblement, ce pauvre J.D. peinait à trouver sa compagne malgré son annonce insolite (peu de filles de notre église remplissaient les conditions) parce que l'autre soir, papa est venu dans ma chambre et a dit : « Pour information, J.D. va certainement t'appeler pour te demander de l'accompagner à son repas de Noël. »

J'ai esquissé un sourire. « Et il t'a appelé pour te demander la permission, hein ?

– Oui, a-t-il répondu. Il se demandait si nous serions d'accord comme tu n'as que dix-sept ans. Mais je ne crois pas que l'on puisse parler ici d'un vrai rendez-vous »

Parce qu'après tout, ne pas avoir de vrai rendez-vous avant l'âge de dix-huit ans est une sorte de tradition chez les mennonites.

J'ai pensé que ça pouvait être drôle. Et que je pourrais sûrement y aller, même si j'étais malade. Mais j'ai aussi pensé qu'il me serait difficile d'avoir un vrai rendez-vous un jour, parce que même si celui-là n'avait rien de romantique, je me sentais déjà nerveuse et maladroite.

J'étais nerveuse à l'idée que mon téléphone sonne. Nerveuse à l'idée de lui parler, ce qui est bizarre puisque je connais J.D. depuis toujours. C'est le meilleur ami de mon frère. Lui parler ne devrait pas être bizarre.

J'étais nerveuse à propos de ce que j'allais porter. Était-ce une soirée habillée ou détendue ? J'ai opté pour un pull à col roulé blanc qui me semblait être un très bon choix jusqu'au moment où je l'ai vraiment porté.

J'avais chaud et j'étais agitée, nerveuse, étourdie, malade et frêle. Il était sur le point d'arriver et je n'étais pas du tout prête…

On a frappé à la porte. Oh non ! Était-ce déjà lui ? J'ai rempli mon sac (emprunté à maman) en vitesse tandis que du coin de l'œil j'apercevais J.D. entrer et se faire offrir un siège.

J'ai entendu maman souffler « Emily ! » sur un ton qui m'a laissé pantoise.

Quoi ? Qu'est-ce que j'ai fait ? J'ai levé les yeux.

Mais quelle idiote ! C'est moi qui aurais dû lui ouvrir la porte et lui proposer de s'asseoir. Et j'aurais au moins pu prendre le temps de le regarder. Qu'est-ce qui ne tourne pas rond chez moi ?

Heureusement, tout est redevenu à peu près normal une fois en voiture et une fois là-bas.

Il y avait deux tables côte à côte. Ben (le patron de J.D.) et sa femme, Ruth, ma cousine Jessi et son mari, Kevin, et un couple que je ne connaissais pas se sont installés à une table, et J.D., Brandon, Phebe et moi avons pris place à l'autre table.

Nous avons passé un moment très agréable tous les quatre. Nous n'avons pas arrêté de plaisanter, notamment sur la soupe à l'orange infecte qui nous a été servie. C'était vraiment génial d'être avec eux parce que comme je suis malade, je ne sors pas souvent avec mes amis.

L'ambiance était plus détendue sur le chemin du retour et nous avons eu une conversation très intéressante sur l'écriture et le fantastique. Une fois à la maison, tout le monde a voulu savoir comment ça s'était passé.

Malgré ma nervosité initiale, cette soirée a été fabuleuse. On est venu me chercher chez moi, on a reculé ma chaise pour que je m'installe et j'ai mangé de la nourriture de luxe (et de la soupe à l'orange dégoûtante). J'ai eu l'impression d'être unique.

Je suis comblée.

DAPHNÉ

Mon caméscope numérique est arrivé aujourd'hui ! Malheureusement, je ne peux rien filmer pour le moment car je n'ai pas encore acheté de cassettes. Mais le simple fait de le sortir de son emballage et de le contempler me remplit de joie. Il est magnifique.

Je l'ai appelé Daphné.

TOUJOURS MALADE

Voilà, voilà, voilà. Noël est passé, et je suis toujours malade. Je pensais que j'irais mieux d'ici Noël. Maman aussi. Je crois que tout le monde le pensait.

Mais nous avions tort.

Alors quoi ? Je vais être malade toute ma vie ?

Moins sérieusement, j'ai décidé de devenir une princesse. Ne me prenez pas pour une folle. J'essaye juste de m'en sortir, hein. Et puis, si je veux être une princesse, qui va m'en empêcher ?

Amy m'a offert une magnifique paire de chaussures de princesse pour Noël.

Hier, j'ai reçu un coup de fil de Louise, une femme de notre église. Elle m'a demandé quelle couleur je préférais pour une robe : vert cendré ou plomb. J'ai répondu vert cendré car le vert m'obsède depuis quelque temps. Peu après, elle est venue me l'apporter avec trois autres femmes de l'église. Une vraie merveille vert cendré. Une robe. Le genre de robe qu'une princesse porterait dans un dîner.

JANVIER 2008

RÉSOLUTIONS

N'est-il pas étrange que la plus petite, la plus insignifiante des choses ait des répercussions immenses ?

Si j'avais mis de l'anti-moustique, si j'avais décidé de rester enfermée, d'écraser ce moustique ou de porter des manches longues au lieu de manches courtes, je serais peut-être en mesure d'aller à l'école demain pour étudier la physique, une matière difficile mais très intéressante. Ensuite, j'aurais pu filer à la fac pour mon cours de maths. Imaginez pouvoir comprendre tous ces problèmes compliqués !

Je suis tombée malade il y a quatre mois. Depuis, j'ai eu trois semaines de répit vers le début, mais j'imagine que ce n'était qu'une impression, l'illusion d'aller bien alors que le virus du Nil était toujours présent, dormant, prêt à ressurgir. En supposant, naturellement, que ce virus soit la cause de mon état.

Une partie de moi pensait que je guérirais pour Noël. L'autre pensait que je ne guérirais jamais. Noël était la limite que je m'étais fixée. *Si je vais bien à Noël*, m'étais-je dit, *je pourrai avoir mon diplôme sans trop de difficultés*. C'était mon objectif.

Mais voilà que Noël est passé. Les cours reprennent demain, et je n'y vais pas.

Avant, ma vie était toute planifiée. Si l'on me demandait : « Iras-tu à l'université ? », je répondais : « L'an prochain, je suivrai sûrement quelques cours dans une faculté, notamment des cours d'écriture. »

Si l'on me demandait : « Iras-tu à l'Institut biblique ? », je répondais : « J'irai certainement à l'Institut biblique de l'Alliance biblique mennonite l'an prochain. »

Et surtout, si l'on me disait : « Alors, tu vas être diplômée cette année ? », ma réponse était : « Oui. »

J'imagine que ces projets n'étaient pas définitifs. Mais j'avais quand même des projets, alors que maintenant je n'en ai plus aucun. Car à présent, si l'on me demande : « Iras-tu à l'université ? », je répondrai : « C'est possible, mais j'ai peur de retomber malade en cours d'année et que se passera-t-il alors ? », ou bien : « C'est possible, si d'ici là les effets du virus du Nil ont diminué. »

Car la plupart du temps, je ne pense plus. Je ne fais plus de projets. Je ne fais qu'exister.

Je me demande quelles auraient été mes nouvelles résolutions de l'année si je n'avais jamais été piquée par ce moustique infecté. Aurais-je trouvé comment déplacer les montagnes ? Comment conquérir le monde ?

Actuellement, tout ce que je cherche, ce sont les deux choses que je pensais déjà acquises : être en bonne santé et avoir mon diplôme. Mais quel intérêt à vouloir trouver une solution à ces problèmes ? Ce n'est pas comme si je pouvais faire grand-chose si mon virus refuse de partir. Que faire si, lorsque j'ouvre un manuel, je ne comprends rien à ce que je lis ? Quelle frustration ! Je ne suis qu'une marionnette dont on tire les ficelles. Mon destin ne m'appartient plus.

La vie serait bien plus simple si chaque personne de mon entourage avait été atteinte de ce virus par le passé, ainsi je n'aurais pas à passer autant de temps à expliquer ce dont il s'agit. Peut-être qu'un jour quelqu'un l'aura à son tour, et je serai en mesure de lui faciliter un peu la vie car je comprendrai ce qu'il ressent.

Ou je deviendrai missionnaire dans un pays exotique et me ferai torturer pour ma foi, mais je sais que je survivrai car j'ai survécu à tout ça.

Ou bien je dois simplement apprendre à ne pas me préoccuper de mon avenir.

Je ne sais pas.

JOHN MCCANE

J'ai l'impression de m'affaiblir de jour en jour. Premièrement, les bouteilles de lait sont devenues plus lourdes. Ensuite, je me traîne de plus en plus et dois prendre appui un peu plus souvent sur les meubles. Ma famille disait en plaisantant que j'avais besoin d'une canne, d'un déambulateur ou d'un fauteuil roulant, et maman a sérieusement pensé m'acheter l'un d'eux. La canne, je précise.

C'est d'ailleurs ce qu'elle a fait hier. Désormais j'ai une canne. Naturellement ça semble absurde pour une jeune fille de dix-sept ans, mais c'est tellement pratique d'avoir un appui !

Au début, ce n'était qu'une vulgaire canne en métal noir avec une poignée en plastique. J'y ai collé un ruban rose que j'ai noué, et ajouté des autocollants de conte de fées : une princesse, un prince, un gnome et un oiseau légendaire.

J'ai appelé ma canne John McCane.

Je me demande quelle sera la réaction des gens, ce qu'ils vont penser en me voyant, moi, Emily Smucker, avec une canne.

Quand je devrai me déplacer, je pourrai peut-être, vous savez, m'appuyer discrètement sur un meuble ou autre chose, et laisser John McCane.

Mais j'ai peut-être trop besoin de lui pour le laisser.

Nous verrons bien.

REPRISE DES COURS

J'ai beaucoup de mal à faire mes devoirs et je ne sais pas bien pourquoi. J'aime coller ça sur le dos de ma maladie, mais j'ai bien peur qu'il ne s'agisse que de paresse.

Par moments, j'ai l'impression que la maladie m'empêche de réfléchir. Pourtant, le reste du temps, tout est normal. Quelquefois je me dis que la maladie me rend paresseuse, et parfois que c'est vraiment une piètre excuse.

C'est souvent plus facile de me la sortir de la tête et de penser à autre chose. Mais là, si l'école et les devoirs m'obsèdent, c'est parce que je suis allée en cours hier. J'ai repris les cours, vrai de vrai.

Ce n'était pas mon souhait, mais à vrai dire je n'avais pas le choix parce que papa était impatient de donner ses cours d'instruction religieuse aux terminales et j'en ai besoin pour être diplômée. Je ne peux pas le suivre toute seule un peu plus tard car des débats sont organisés en classe. Dorénavant, je dois assister aux cours une demi-journée, une fois par semaine.

Quoi qu'il en soit, je suis allée au lycée hier avec ma canne. J'étais vraiment fière de moi.

Mais ça m'a épuisée.

Et je déteste l'école.

Je devrais pourtant aimer l'école. C'était le cas l'an dernier. Tous les élèves formaient une grande bande au centre de laquelle j'étais. Enfin, je n'étais pas exactement au centre, mais j'étais amie avec tout le monde et connaissais toutes les blagues, les anecdotes et les derniers potins. Je suis toujours amie avec tous mes camarades, mais je sens que je n'ai plus ma place.

Au début, j'ai pensé : *Rien n'a changé. Pourquoi est-ce que je ne m'intègre pas ?* Et je me suis rendu compte que j'avais changé. Ou du moins que ma conception de la vie avait changé.

À présent, ma vie n'a plus rien à voir avec la leur.

NOUVEAU MÉLI-MÉLO

Demandez-moi maintenant de faire un vœu, je ne saurais pas quoi choisir.

Une journée de cours de plus. C'était bruyant. J'ai eu la migraine. Et quelqu'un a eu peur de s'asseoir à côté de moi parce qu'il pensait pouvoir attraper le virus du Nil. Enfin, sérieusement, est-ce que j'irais en cours si j'étais contagieuse et susceptible de ruiner la vie de quelqu'un d'autre ? Je ne crois pas, non.

Résultat, je suis de mauvais poil, je l'admets. Je ne voulais pas me moquer de cet élève.

Des violettes, c'est violet.

En tout cas, depuis que nous sommes rentrées de l'école, ma petite sœur ne cesse de me supplier de jouer avec elle à Phase 10, notre jeu préféré dans la famille. Je crois bien lui avoir promis par mégarde hier. Zut, flûte.

Trop de gens écrivent la locution « en train » en un seul mot. Je ne sais pas pourquoi, mais ça m'agace.

Et un jour, je ferai quelque chose de plus passionnant qu'aller en cours une demi-journée et regarder les autres faire un jeu au tableau tout en travaillant sur l'album de promotion. J'ai hâte.

Nouveauté : une fille a pris une photo de moi pour l'album de promotion. Ou peut-être deux. Quoi qu'il en soit, je crois bien qu'il s'agit de ma première apparition dans cet album, sans compter la photo de toute l'école. Comme elle ne savait pas comment ajuster l'appareil, je me suis impatientée et j'ai fait des super grimaces.

Il n'y a pas longtemps, j'ai mangé des haricots blancs. À vrai dire, c'était avant Noël, mais c'est encore récent. J'ai toujours pensé que j'aimais les haricots blancs, mais finalement je crois bien que non.

Remarquez, j'ai déjà baptisé un chat « Haricot blanc ». Pourquoi donner à un chat le nom de quelque chose que l'on n'aime pas ?

Le haricot blanc s'appelle aussi haricot beurre. C'est bizarre, non ? Pourquoi appeler un haricot « haricot beurre » ? Soit c'est du beurre, soit c'est un haricot.

Enfin, en temps normal, je n'aurais pas de problème avec l'appellation « haricots beurre ». Je ne suis pas toujours aussi grincheuse.

C'est amusant de lire. Je n'ai jamais compris comment il était possible de ne pas aimer lire. C'est un des grands mystères de la vie, avec le fait que tant de gens aiment le café.

On m'a récemment donné un très joli dessin. Je crois que la fille qui l'a fait était vraiment contente que j'aie repris l'école. Mais contrairement à la fois précédente, elle ne m'a pas dit que j'avais meilleure mine. Peut-être à cause de mon humeur.

Une humeur pourtant pas si mauvaise à ce moment-là. Comment l'être quand quelqu'un vous fait un joli dessin ?

Parfois, il y a cette chose que les gens font : ils cachent un message dans ce qu'ils écrivent grâce à la première lettre de chaque paragraphe. C'est ce que je viens de faire. Mais je tiens à vous prévenir que c'est vraiment médiocre. Enfin je m'en moque… alors à vous de jouer.

NUIT BLANCHE

À ce moment précis, mon comportement est des plus loufoques et dérangé. À mi-chemin entre celui de quelqu'un qui a passé une nuit blanche et celui de quelqu'un qui souffre d'un gros décalage horaire.

Ce comportement étrange résulte d'un grand manque de sommeil. Une fois de plus, je n'ai pas fermé l'œil de la nuit. Et le résultat est, comment dire… surprenant.

Je ne peux pas m'empêcher de rire de tout, même des choses les plus ordinaires. D'ailleurs, c'est tellement insensé que ça fait rire tout le monde.

Et j'ai une sorte de tic nerveux bizarre. J'ai envie de taper le sol avec ma canne sans m'arrêter, sans aucune raison, bien entendu. D'ailleurs, là, je tape sur le clavier à la place. Sympa !

Ah ! J'ai aussi un autre symptôme. Des vertiges. Étrange.

J'étais sur le point de vous raconter un truc super intéressant mais j'ai oublié ce que c'était, donc je vais penser à un autre truc intéressant à dire. Ah si, je m'en souviens. J'ai décroché le téléphone en même temps que ma mère quand il a sonné. Je l'ai fait exprès. Je ne sais pas trop pourquoi j'ai fait ça. Quoi qu'il en soit, c'était mon père. Il m'a d'abord parlé et il a voulu que je lui passe maman. Je voulais écouter leur conversation, juste par curiosité. C'est donc ce que j'ai fait, mais j'avais le téléphone dans une main et ma canne dans l'autre. Qu'est-ce que ça a à voir avec ce que je raconte ? Ah oui, je voulais mettre ma tasse dans l'évier. Je l'ai attrapée avec ma bouche, elle est tombée et a fait du bruit. Je ne sais pas pourquoi je raconte ça. J'ai du mal à réfléchir. Je crois que mon cerveau est à moitié éteint. Maintenant, vous pouvez peut-être vous sentir désolés pour ma mère, parce que moi je le suis déjà.

UN VRAI MONDE DE NARNIA

Hier a fait partie de ces rares fois où j'ai pu avoir ma sœur Amy au téléphone. Elle m'a parlé de ses élèves, entre autres choses, et de fil en aiguille l'une de nous a décidé que j'irais la voir. J'adorais cette idée, tout comme elle, et quand nous avons raccroché et que maman est arrivée, je lui ai demandé de but en blanc :

« Est-ce que je peux aller voir Amy en Caroline du Sud pour une ou deux semaines ? »

Là, je dois faire marche arrière et vous prévenir que maman a le don de me dire de demander les trucs à papa plutôt qu'à elle, parce que papa trouve toujours une solution à tout. Donc elle m'a dit que si je voulais y aller, je devais voir ça avec lui.

Puis elle est allée lui parler. Je n'ai pas écouté aux portes, mais je suis à peu près sûre qu'elle lui a confié que j'adorerais partir en Caroline du Sud mais qu'elle voulait que je lui demande en personne.

Aujourd'hui, j'ai finalement pris mon courage à deux mains et je suis allée au salon avec la ferme intention de demander la permission à papa. Il s'est assis et m'a regardée avec l'air d'attendre quelque chose.

J'ai eu une sensation étrange. C'était comme si je regardais fixement une boîte en verre remplie de mots qui flottaient, qui volaient et qui se bousculaient, sans savoir le moins du monde lequel je devais extraire et employer. Et pendant ce temps-là, papa, qui connaissait les mots exacts, restait tranquillement assis à attendre qu'ils sortent de ma bouche.

Il a fini par demander : « Cela aurait-il quelque chose à voir avec un voyage en avion ?

– Oui, ai-je répondu.

– Quelque chose à voir avec une visite de la côte est ?

– Oui », ai-je répété. Puis les mots de la boîte se sont stabilisés et j'ai réussi à choisir les bons.

Papa m'a informée que maman se demandait si je devais y aller. Il a ajouté qu'elle avait l'impression de toujours devoir me pousser à prendre mes médicaments, à me lever à une heure raisonnable et à faire mes devoirs. Si j'allais en Caroline du Sud, il n'y aurait personne pour le faire. Si j'arrivais à me responsabiliser sur ces trois points pendant deux semaines, ils songeraient à m'envoyer en Caroline du Sud pour une semaine et demie.

Waouh. C'était trop d'émotion. Trop de bonheur. Comme si je vivais dans un cachot et que quelqu'un me tendait une clé en disant : « Passe cette porte et longe le couloir, et tu trouveras le monde de Narnia. »

Narnia. La Caroline du Sud. Quelle différence ? Tous deux offrent de nouvelles choses, de l'aventure et de nouvelles rencontres. Je veux rencontrer d'autres personnes ! Et être responsable pendant deux semaines, qu'est-ce que c'est ? J'en suis largement capable si l'on m'appâte avec la Caroline du Sud comme un âne avec une carotte !

Il n'y a qu'une seule ombre tableau : la durée d'une semaine et demie. J'ai peur de devoir rentrer à la maison après avoir passé un séjour sensass.

Mais voilà, comme j'ai l'impression que l'Oregon ou cette maison me rend malade, si je pars en Caroline du Sud, ma santé s'améliorera, et ils devront me laisser rester plus longtemps, non ?

Je sais bien que le docteur Hanson a rejeté cette idée et qu'il a affirmé que j'avais le virus du Nil. Et maintenant, j'ai tendance à le croire. Quand les gens me demandent quelle est ma maladie, je leur dis que j'ai le virus du Nil. Parce que, tout bien réfléchi, c'est cohérent. Mais je n'arrive toujours pas à m'enlever cette idée de la tête : si je partais d'ici, je serais en bonne santé.

Voilà pourquoi la Caroline du Sud se dessine devant moi comme une sorte de monde de Narnia. Voilà pourquoi je n'arrive toujours pas à croire qu'il y ait une vraie chance pour que j'y aille.

BÉNIE

Je suis bénie.

Je sais qu'il s'agit d'un cliché rabâché par tout le monde, mais aujourd'hui j'ai compris que c'était vrai. Je suis bénie. Même si je suis malade et n'ai aucune idée de quand j'irai mieux, même si je n'ai pour ainsi dire pas de vie sociale, même si je suis en terminale et ne sais pas si j'aurai mon diplôme, je suis quand même bénie.

Pourquoi suis-je bénie, me demanderez-vous ?

Aujourd'hui, j'ai lu le blog d'une jeune fille qui semblait très déprimée. Elle se sentait seule, moche et incapable d'être elle-même au contact des autres. Et elle n'avait pas de petit copain, ce qui la contrariait beaucoup. Elle pensait que la vie était dénuée de sens, nulle et cruelle.

Je me suis rendu compte que même s'il m'arrive de me sentir seule, je fais avec. Et je reste moi-même au contact des gens. À vrai dire, peut-être pas quand je me sens très mal ou que je manque cruellement de sommeil, mais ce n'est pas comme si je prétendais être quelqu'un d'autre. Et je ne me languis pas d'un petit ami. Je peux même affirmer que je suis contente de ne pas en avoir, dans l'état actuel des choses. Certes, je n'ai que dix-sept ans et suis officiellement trop jeune pour fréquenter quelqu'un. Mais, blague à part, beaucoup de jeunes filles de mon âge cherchent désespérément un copain, même si, officiellement, elles sont trop jeunes pour sortir avec quelqu'un. Et j'estime que ne pas en ressentir le besoin est une bénédiction.

Malgré tout, je dois avouer que la vie me semble souvent dénuée de sens, nulle et cruelle. Le soir, je reste allongée sur mon lit sans pouvoir fermer l'œil et je pense à ma vie. Et voilà qu'effectivement, la plupart du temps, je réalise à quel point elle est dénuée de sens, nulle et cruelle. Mais pour être honnête, je crois qu'il est impossible qu'une personne dans ma situation ne se sente pas déprimée de temps en temps.

La raison pour laquelle je suis bénie, c'est que je ne me laisse pas abattre. J'arrive encore à me réveiller le matin avec le désir de profiter de la vie, même si elle semble dénuée de sens. Je suis malade et il m'arrive d'avoir le cafard, mais, à choisir, je préfère avoir le virus du Nil qu'être dépressive. Un million de fois.

JOUR DE NEIGE

La nuit dernière, je me suis endormie en écoutant le son rassurant de la pluie sur le toit ; et ce matin, je me suis réveillée avec la vision non plus rassurante mais ravissante de la neige qui tombe. Plein de neige. Des tonnes de neige. Des montagnes de neige. Tellement de neige qu'en se rendant d'un pas léger à n'importe quel endroit du jardin (excepté sous les arbres), il serait possible de faire l'ange sans que des brins d'herbe disgracieux ne viennent gâcher l'effet voulu.

Et tiens donc ! La neige était si abondante que la messe a été annulée. Je ne me souviens pas que ce soit déjà arrivé.

La neige a mis maman de bonne humeur. De très bonne humeur. Je ne sais pas pourquoi la neige lui fait cet effet-là car ça ne fonctionne pas sur moi. Dans mon cas, c'est plutôt la pluie, ce qui est quand même bizarre car il pleut bien plus souvent qu'il ne neige.

En tout cas, ma mère et moi parlions de pluie, de neige et de bonne humeur, ce qui a abouti à une discussion sur la demande en mariage, à savoir si nous préférions qu'elle soit faite sous la neige ou sous la pluie. Maman ne voulait pas comprendre ma vision romantique d'une demande en mariage sous la pluie.

« Mais maman, ai-je répliqué, rappelle-toi cette scène dans *Orgueil et Préjugés* où il la demande en mariage sous la pluie. Tu n'as pas trouvé ça romantique ? »

Elle a frissonné. « Avec la pluie qui dégoulinait de son nez ? C'était romantique, pour toi ? »

Ben, Steven et Jenny ont joué dans la neige. Maman est allée faire de nombreuses promenades, elle a fait un bonhomme de neige géant (presque aussi grand que ceux de Calvin dans *Calvin et Hobbes*) et a passé son temps à observer la neige. Comme papa et moi n'avions pas envie de finir gelés, trempés et dans un piteux état, nous sommes restés à l'intérieur.

Ce soir-là, nous nous sommes réunis pour jouer à Phase 10.

La partie traînait en longueur. À la fin, nous nous sommes rendu compte qu'elle avait duré trois heures. Waouh !

Ça me semble mal de dire que je suis contente que la messe ait été annulée, mais je le suis vraiment. Que c'est bon de passer plus de temps en famille ! Chanter *I've been waiting for you all my life* du film *George de la jungle* quand on piochait une carte tant attendue, entendre papa dire par mégarde « Ma maman va passer son tour » au lieu de « Ma femme va passer son tour », se faire traiter de « voyeuse » par son frère après avoir malencontreusement aperçu la carte qu'il a tirée… Ce genre de détails qui laissent de bons souvenirs. Je me dis souvent qu'il n'y a rien de tel que la famille pour passer un agréable moment.

MÉLI-MÉLO

Parfois, je me dis que je pourrais vivre de Dr Pepper et de muffins.

Je viens juste de me réveiller, il est 0 h 42.

Voici un tuyau pour tous ceux qui ont une personne très malade dans leur entourage et qui ne savent pas quoi lui offrir : achetez-lui un bulbe d'amaryllis. Cette plante grandit à une vitesse folle. C'est vraiment cool.

Pourquoi les gens demandent-ils toujours aux autres : « Comment ça va ? » Sérieusement, « Comment ça va ? » est en train de devenir aussi banal que « Bonjour ». Et l'on répond « Bien » comme on répondrait « Bonjour » à quelqu'un qui vous salue. Systématiquement. Mais combien de personnes vont vraiment « bien » ? Certaines le pensent peut-être, mais sûrement pas toutes celles qui le disent, j'en doute.

Mais qu'êtes-vous censé répondre quand l'épicier vous assène d'un : « Comment ça va aujourd'hui ? » Non pas que je sois allée chez l'épicier dernièrement, mais je me souviens que c'est arrivé après la mort de Lenny. L'épicier ou un autre que je connais à peine m'avait demandé : « Comment ça va ? », et je ne savais pas si je devais mentir et répondre « Bien » comme il l'attendait, ou : « À vrai dire, mon cousin vient de se suicider donc je le vis très mal, merci beaucoup. » Sans rire. Je crois que nous avons bien besoin de nouvelles expressions.

FÉVRIER 2008

ÉGLISE ET JOHN MCCANE

J'ai réussi à me responsabiliser pendant deux semaines. Et je suis allée à l'église dimanche soir dernier. C'était bizarre parce que partout où j'allais, il y avait des gens. Ils me regardaient, me posaient des questions et me disaient : « Tu as l'air en forme ! »

C'est du moins ce que je redoutais. Mais je devais y aller, ça faisait partie de mes épreuves. Comment pourrais-je aller en Caroline du Sud si je n'étais même pas capable d'aller à l'église ?

J'étais très faible dimanche dernier. Généralement, je mets un temps fou pour me rendre d'un point A à un point B. Je mets parfois des siècles. C'était le cas dimanche.

Je trouve hallucinante la vitesse à laquelle les gens marchent. Je n'y avais jamais pensé avant de devenir cet être frêle qui avance à deux à l'heure. Mais maintenant, je suis la première à sortir de la maison et la dernière à monter dans la camionnette. Quand je vois les autres filer comme des flèches à côté de moi et qu'il s'agit en fait de leur allure normale, je me dis : *Waouh ! Dire qu'avant je marchais aussi vite.* J'en reste baba.

À l'église, tout le monde m'observait et venait me parler, mais personne n'a sorti le redouté « Tu as l'air en forme ! ». Je ne devais pas paraître en forme, à me traîner avec ma canne. C'était plutôt un soulagement que mon image corresponde à mon état d'esprit.

Je me suis assise dans l'église mais je n'avais rien pour m'appuyer la tête, et j'ai eu une conversation silencieuse avec John McCane. Il a quelque chose de très réconfortant. Je le serre dans ma main et lui parle (dans ma tête bien sûr), et il me répond quelque chose de réconfortant. J'ai ainsi l'impression d'avoir de la compagnie, même si en réalité je suis seule.

J'aimerais pouvoir oublier que John McCane n'est pas réel et croire qu'il m'entend et me répond vraiment. Ce n'est pas la seule chose à laquelle j'aimerais croire, par exemple que je suis une princesse. Vous savez, comme les fous dans les livres. C'est comment, d'être fou ? Est-ce que c'est drôle ? Je parie que l'on ne s'ennuie pas.

Je peux créer une personnalité à John McCane et faire semblant de lui parler. Je peux faire comme si j'étais une princesse. Je peux inventer toutes sortes de choses. Faire semblant, c'est extra, c'est drôle et c'est réconfortant. Peut-être puéril aussi, mais je pense qu'il vaut mieux être puéril que s'ennuyer. Enfin, c'est juste pour rire.

Mais, minute ! Je vais partir en Caroline du Sud, et ça, c'est vraiment excitant ! Dans juste un peu plus d'une semaine ! C'est dur d'imaginer qu'une chose aussi géniale puisse m'arriver.

DE LA LANGUE AU DÎNER

Dimanche, au dîner, nous avons eu de la langue de bœuf. Ce truc traînait dans le congélateur depuis belle lurette, et maman a finalement décidé que nous ferions bien de le manger.

Je ne sais pas pour vous, mais l'idée de manger de la langue de bœuf me répugne, ainsi qu'à ma mère, d'ailleurs. « C'est répugnant parce que quand on la met à cuire dans la poêle, on dirait vraiment… une langue ! », m'a-t-elle dit en frissonnant. J'ai puisé mon courage dans le fait que l'on ne me forcerait sans doute pas à en manger.

Toute la famille s'est mise à table face à une mijoteuse remplie de pommes de terre qui dissimulaient une énorme langue. D'un geste délicat, maman a sorti un morceau de langue qu'elle a déposé dans l'assiette de Steven. Jenny et moi avons poliment refusé. À l'inverse, Matt semblait ravi à l'idée de manger de la langue au repas du dimanche.

Steven et Matt ont chacun attaqué leur morceau. Jenny, maman et moi avons seulement mangé les pommes de terre.

« Comment trouves-tu la langue, Matt ? a demandé maman après quelques minutes.

– Mmmmh », a-t-il répondu.

Maman a jeté un œil dans sa direction et s'est mise à crier. Il avait mis le morceau entier dans sa bouche et tirait la langue à maman, donc il donnait l'impression d'avoir une énorme langue grise et dégoûtante.

Avec Jenny, nous avons finalement consenti à goûter la langue de bœuf si la peau était retirée au préalable. Car si l'on enlève l'épaisse couche grise de papilles gustatives, la langue ressemble à n'importe quel autre bout de viande. Mais la texture ne me plaisait pas et je n'ai pris qu'une bouchée. Maman n'a même pas voulu goûter.

Finalement, je crois que c'est le chien qui en a mangé le plus.

FAUTEUIL ROULANT ET AVIONS

John McCane et moi avons pris l'avion pour la Caroline du Sud. Tout le monde se retournait sur mon passage. Une jeune mennonite de dix-sept ans qui porte une jupe de couleur vive et un drôle de voile, et qui se déplace à l'aide d'une canne, vous voyez ça souvent, vous ?

Une fois embarquée, je me suis aperçue de quelque chose auquel je n'avais jamais prêté attention quand je voyageais avec ma famille : s'asseoir à côté d'inconnus dans l'avion est vraiment très embarrassant. La proximité est telle que vous vous sentez grossier de ne pas leur parler. Mais que leur raconter ?

J'ai dû prendre une correspondance à Atlanta. J'ai descendu le long couloir qui relie l'avion à l'aérogare et je suis restée plantée au beau milieu tandis que des gens surgissaient de nulle part avec leur valise à roulette et leur téléphone à l'oreille, sachant exactement où aller. Et moi, où devais-je aller ? Naturellement, c'était notifié par une lettre et un numéro sur ma carte d'embarquement, mais je ne voulais pas marcher jusque là-bas, c'était trop loin.

En achetant mon billet, nous avions demandé à avoir un fauteuil roulant. Où se trouvait-il ? Était-ce l'un des trois sur le côté, devant les types costauds ? Qu'étais-je supposée faire ? Grimper dedans et demander à me faire promener ? Demander de l'aide à la femme derrière le comptoir ?

J'étais fatiguée. Affamée. Perdue. Au bord des larmes. Je n'aurais pas dû me trouver au bord des larmes. Quelle idiote, idiote, idiote.

Je ne vous ai jamais parlé de ma peur singulière de demander de l'aide à des inconnus ? J'erre dans les boutiques pendant des heures à chercher quelque chose sans jamais oser demander de l'aide aux gentils employés qui portent un badge. Et j'aurais peut-être trouvé la porte d'embarquement en m'y traînant seule, raté mon vol et éclaté en sanglots si je n'avais pas attiré l'attention de l'un des costauds qui se tenaient derrière les fauteuils.

« Je vous emmène ? m'a-t-il demandé après m'avoir observée plantée là comme une idiote avec ma canne.

– S'il vous plaît », ai-je répondu avec gratitude. Je me suis effondrée dans le fauteuil.

Et nous étions partis, nous frayant un chemin à travers la foule, nous entassant dans un ascenseur, nous frayant à nouveau un chemin à travers une foule plus dense encore pour finalement arriver à ma porte d'embarquement. J'ai échangé mon fauteuil roulant bleu contre un siège de salle d'attente noir, et le type s'est sauvé.

Pendant le vol pour Charlotte, l'hôtesse de l'air est apparue dans le couloir, a regardé autour d'elle et a demandé : « Y a-t-il une Mlle Smucker ?

– C'est moi, ai-je répondu.

– Vous avez demandé qu'un fauteuil roulant soit mis à votre disposition ? », a-t-elle poursuivi.

J'ai répondu oui. Quand je suis descendue de l'avion, un homme m'attendait sur la passerelle avec un fauteuil roulant. Nous avons dû attendre que la foule se soit dispersée pour récupérer mes bagages.

Et Amy qui était injoignable…

Après avoir récupéré mes bagages, l'homme qui poussait mon fauteuil a demandé : « Voyez-vous quelqu'un que vous connaissez, Madame ?

– Non, ai-je rétorqué, je vais patienter ici le temps qu'elle arrive. »

Dès qu'il a été parti, j'ai fondu en larmes.

Où était Amy ? Elle ne décrochait pas son téléphone. J'ai appelé papa. Il n'avait pas de solution magique à me proposer.

Une gentille inconnue s'est approchée de moi. « Vous allez bien ? » m'a-t-elle demandé.

Je me suis confiée à elle. Elle m'a réconfortée.

Puis Amy est arrivée en se confondant en excuses, quelqu'un l'avait mal informée sur la durée du trajet pour l'aéroport et son téléphone l'avait lâchée. J'ai séché mes larmes et réuni mes bagages, et nous sommes parties. Je voulais lui raconter mes péripéties aéroportuaires mais elle a souhaité que je me taise pour se concentrer sur la route. Comme au bon vieux temps.

SAINT-VALENTIN

Il semblerait que toutes les jeunes Américaines qui n'ont pas rencontré leur moitié détestent la Saint-Valentin. Pourtant, moi, je l'adore. Aujourd'hui, je me suis demandé ce qui me plaisait tant dans cette fête.

Ce sont peut-être les valentins. Je ne sais pas pourquoi je les aime tant, car ils ne sont jamais plus que des preuves d'amitié, mais quelle importance ? Je les adore. Ils sont tellement mignons, et ils montrent l'importance que nous avons aux yeux de quelqu'un, même si cette personne n'est pas notre moitié.

Ce sont peut-être les souvenirs. J'ai énormément de bons souvenirs de la Saint-Valentin, qu'il s'agisse de faire des valentins extraordinaires pour toute l'école, de faire un valentin pour Jésus et le jeter par une fenêtre comme je l'ai fait à l'âge de huit ans, ou de décorer des gâteaux en forme de cœur.

Ou c'est peut-être pour une raison toute simple : les maladies que je peux traîner l'hiver ont toujours disparu avant la Saint-Valentin. D'ailleurs, ce doit être la première année où je suis malade à cette période, ce qui est bizarre en y repensant.

Cette année, ma Saint-Valentin avait toutes les chances d'être détestable, mais elle s'est avérée super. J'ai passé une journée étonnamment délicieuse. J'ai revu ma sœur, j'ai fait de nouvelles rencontres, et c'était une belle journée ensoleillée, même s'il a fait un peu frais. J'ai réussi à faire plein de choses, et même si je n'étais pas au top de ma forme, j'ai quand même senti une nette amélioration. C'est le genre de journée qui m'incite à croire qu'il y a peut-être une chance pour que je guérisse.

MITCH

Toutes les histoires qu'Amy raconte semblent tourner autour de Mitch, son élève de douze ans incroyablement drôle. Mitch a fait ci, c'était tordant. Mitch a fait ça, c'était hilarant. Bon sang, ce que je voulais le connaître, ce Mitch ! Mais il était absent quand je suis arrivée.

Il est revenu le jour où Amy et moi avons joué une saynète devant les élèves dans la chapelle de l'école. Après notre représentation, ils ont dû venir chacun à leur tour me serrer la main. C'était un peu bizarre.

« Tu as fait la connaissance de Mitch ? m'a ensuite demandé Amy.

– En quelque sorte, ai-je répondu. Enfin, on s'est serré la main. » Il ne m'avait pas semblé dynamique et extraverti comme je me l'étais figuré.

« Mitch ! Viens ici ! a crié Amy. Mitch, je te présente ma sœur.

– On s'est déjà rencontrés ! » s'est-il écrié par-dessus l'épaule en s'enfuyant.

Il n'était décidément vraiment pas comme je me l'étais imaginé. J'étais un peu déçue.

Mais voilà qu'à la fin de la journée il avait réussi à surmonter sa timidité. Il s'est assis à côté de moi et s'est révélé être une vraie pipelette. J'ai apprécié chaque minute de notre conversation.

Il y a des personnes dont la façon de penser est tellement intéressante que vous pouvez vous asseoir et discuter des heures avec elles de choses passionnantes sans qu'il n'y ait jamais de blanc.

Mitch en fait partie.

CLOQUE EN STOCK

Une ampoule s'est formée sous mon pied et elle me gêne pour marcher. C'est vraiment étrange.

En dehors de ça, je ne me suis pas sentie aussi bien depuis des mois. Depuis le mois d'août, je dirais. Je suis en pleine forme. Le soleil brille, les graviers scintillent, et tant que je n'essaye pas de lancer un ballon ou quelque chose du même genre et de pousser une porte lourde, je peux presque imaginer à quoi ressemble la vie quand on est en bonne santé.

La seule mauvaise journée que j'ai passée depuis mon arrivée ici était le premier dimanche. C'était vraiment bizarre parce que le matin, je ne me sentais pas trop mal mais plus tard, pendant la louange et l'adoration, mes forces m'ont quittée et j'ai dû m'asseoir. Après la louange et l'adoration, je me sentais si mal qu'Amy a dû me ramener chez elle. Le mur m'a servi d'appui car je n'avais pas ma canne avec moi.

Hier soir, à l'église, un drôle de petit vieillard est venu me voir pour s'informer de mon état. « Vous sentez-vous mieux que dimanche dernier ? », m'a-t-il demandé.

Je lui ai assuré que oui.

« Vous aviez l'air mal en point, a-t-il ajouté, je vous ai prise pour une aveugle. »

J'imagine qu'il en était arrivé à cette conclusion parce que je marchais les yeux à moitié fermés en prenant appui sur le mur.

Quoi qu'il en soit, hormis cet affreux dimanche où j'ai été malade et où le vieillard m'a crue aveugle, mon séjour est extra. Nous faisons plein de trucs drôles avec Amy, comme dîner aux chandelles au jus de raisin pétillant, regarder des films, et bien entendu papoter des heures entières.

PARTIR OU RESTER

Mon départ est prévu pour lundi, une semaine et demie après mon arrivée. Mais toutes mes théories se sont vérifiées. Ce que je veux dire, c'est que depuis que je suis ici, je me sens en super forme. Donc papa et maman doivent m'autoriser à rester, n'est-ce pas ?

Non. Rallonger mon séjour coûterait beaucoup trop cher. Et en ce qui concerne l'éventualité d'emménager ici le temps qu'il faudra à mon rétablissement, je n'ai pas osé l'évoquer.

Mais je ne veux pas partir. C'est vrai, quoi ! J'accompagne Amy tous les jours à l'école et l'aide avec ses classes de maternelles. Et tous les jours, je me sens assez forte pour le faire. Vous réalisez à quel point c'est génial ? Et je prends l'air quotidiennement parce que tout n'est qu'à deux pas de là où vit Amy. Comme cette église incroyable qui ne ferme jamais ses portes et vous permet ainsi d'y entrer et admirer ses vitraux violet et jaune, ainsi que le beau velours vert qui recouvre les bancs. Elle est si belle et majestueuse, j'en suis émerveillée !

Et puis il y a Mitch, qui ne manque jamais de faire quelque chose de captivant, et Amy, évidemment, qui est géniale.

Mais surtout, je me sens tellement bien que je ne veux pas que ça s'arrête. S'il y a un prix à payer pour que je sois en forme, est-ce que ça ne vaut pas le coup ? Je ne me suis pas servie de John McCane une seule fois depuis mon arrivée !

Bon sang, ce que j'en voulais à mes parents ! Je voulais leur dire : « Regardez-moi ! Je n'ai pas l'air heureuse ? Je n'ai pas l'air bien ? Vous ne voulez pas que je sois heureuse et que je me sente bien ? »

Et j'ai reçu un appel : « On a trouvé un billet moins cher, tu peux rester jusqu'à samedi prochain. »

Hourra !

Les pour : Je peux rester plus longtemps ! Presque une semaine de plus ! Je peux aller à la super fête du 29 février organisée par les élèves d'Amy.

Les contre : Je devrai quand même partir.

Mais je vais en profiter au maximum. En rentrant à la maison, je m'attaquerai à mes devoirs pour de bon. Si je suis trop malade pour partir au Kenya avec ma famille en avril, j'irai en Caroline du Sud pour passer encore plus de temps avec Amy. Ça voudrait dire deux semaines !

Je reviendrai.

LA SOURIS MALIGNE

Un soir où j'étais tranquillement dans la cuisine, j'ai vu passer une souris dans le couloir.

J'ai hurlé (évidemment), Amy a accouru (évidemment), nous nous sommes lancées à sa recherche (évidemment) mais nous ne l'avons pas trouvée (évidemment). Le pire, c'est qu'elle s'était réfugiée dans une des chambres. J'avais peur de me retrouver avec une souris dans les cheveux au réveil, mais fort heureusement ce n'est pas arrivé. À vrai dire, il n'y avait pas la moindre trace d'une quelconque souris.

Ruth, la propriétaire d'Amy, nous a installé un piège dans la buanderie (qui ressemble davantage à un réduit), mais quelques jours ont passé et toujours aucune trace de souris.

Et un beau jour, en ouvrant la porte du réduit à poubelles, nous avons aperçu des excréments de souris sur le sol. Nous avons demandé à Ether, la colocataire d'Amy, de prendre le piège de la buanderie pour la mettre dans le réduit à poubelles parce que nous avions peur qu'il ne nous pince les doigts.

Le lendemain, le fromage avait disparu mais le piège ne s'était pas déclenché.

Nous sommes restées quelques jours sans rien tenter et avons finalement décidé de remplacer le fromage par du beurre de cacahuète, que nous avons déposé sur le piège à l'aide de baguettes en bois pour ne pas faire courir un risque à nos doigts.

Le lendemain, le beurre de cacahuète avait disparu et le piège ne s'était toujours pas déclenché.

« Tu crois vraiment que ce truc peut se déclencher ? ai-je demandé à Amy.

– Je n'en sais rien, a-t-elle fait. Tu n'as qu'à essayer. »

En voulant attraper le balai pour déclencher le piège, j'ai malencontreusement renversé le seau, qui est tombé sur le piège et l'a déclenché.

« Maintenant, au moins, on sait qu'il fonctionne », ai-je déclaré.

Malheureusement, cette information ne nous a pas été d'un grand secours car nous craignions autant l'une que l'autre pour nos doigts à l'idée de remettre le piège en place. Ether et Ruth sont parties. Et finalement, replacer le piège n'aurait servi à rien car cette souris était manifestement bien plus maligne que nous.

29 FÉVRIER

On installait lumières, fleurs, nappes et bougies au fond du gymnase. Les élèves s'entraînaient sur leurs instruments et répétaient leur chanson. Tout le monde préparait la fête du 29 février organisée par les élèves pour les parents et les fidèles comme collecte de fonds.

J'étais assise à filmer et à discuter avec Mitch.

Nous sommes rentrés nous changer et, à notre retour, le gymnase semblait sortir tout droit d'un conte de fées. Les lumières étaient éteintes, et les bougies et les guirlandes lumineuses scintillaient dans la pièce. Tout le monde était sur son trente et un. Mitch portait une cravate noire avec des petits avions, et des bretelles. Tout le monde adorait ses bretelles.

Mitch s'est approché de moi et m'a saluée. « M'accorderez-vous cette danse ?

– Avec plaisir, jeune homme », ai-je répondu en faisant une révérence.

La « danse » n'a duré que quelques secondes. Comme vous avez dû le comprendre suite à ma réplique « Avec plaisir, jeune homme », mon expérience en danse se résume aux films que j'ai vus et essayé de reproduire.

La soirée s'annonçait magique. Mais j'avais tort de le croire. Tout le monde faisait quelque chose, sauf moi. Les filles préparaient les plats et les servaient. Les garçons faisaient office de voituriers à l'exception de Mitch qui, du haut de ses douze ans, se contentait d'escorter les dames à l'intérieur.

Quant à moi, j'étais assise à ne rien faire comme une idiote quand Shela, la seule élève de terminale, m'a tendu son appareil et m'a demandé de prendre des photos pour elle. Elle avait bien trop à faire. C'était un peu déroutant car, contrairement à moi, c'était une très bonne photographe. Mais j'avais au moins une occupation.

La fête s'est terminée, tout le monde a nettoyé et nous sommes rentrées. Eh oui, c'est tout. Et demain je quitte la Caroline du Sud.

Mais je reviendrai.

N'est-ce pas ?

MARS 2008

DE RETOUR À LA MAISON

Vous vous rappelez que ma plus grande peur en partant pour la Caroline du Sud était de rentrer ? Il s'avère que j'avais raison de m'inquiéter.

Rien de nouveau sous le soleil. Je ne pensais pas souffrir de quoi que ce soit ressemblant à des troubles affectifs saisonniers (TAF) avant mon retour. Tout est déprimant. Il n'y a pas de soleil, pas de lumière ni d'églises époustouflantes aux vitraux violet et jaune et aux bancs couverts de velours vert.

Et en ce qui concerne les gens, il n'y a pas de Mitch.

Je suis si paresseuse depuis mon retour ! J'espérais être capable de m'attaquer sérieusement aux tâches ménagères de maman mais je me suis vite rendu compte que j'étais encore bien trop paresseuse. La paresse est une tare horrible, dont je ne semblais pourtant pas souffrir en Caroline du Sud.

J'ai l'impression que depuis mon retour je ne fais que me plaindre. Je ne sais pas pourquoi. Mais je n'arrive pas à assembler les morceaux de ma vie comme je l'espérais.

HYPERVENTILATION

Je n'ai pas chômé depuis que je suis rentrée. Je suis allée à l'église dimanche, et même si j'ai raté l'école lundi, j'y suis allée mardi, mercredi et jeudi, et j'ai eu droit à toute une flopée de contrôles.

C'est jeudi que tout s'est dégradé.

Le jeudi, c'est le cours de musique. Je ne voulais pas y aller. Je n'y ai pas assisté depuis le mois de septembre. Mais je m'étais dit que je devais y retourner maintenant que j'espérais pouvoir reprendre l'école à plein temps.

Jean, le prof de musique, a dit que le cours débutait par des tours de terrain sur le parking de l'église.

« Je ne peux pas courir ! ai-je lâché d'un cri désespéré que, fort heureusement, seuls mes camarades d'à côté ont entendu.

– Tu peux marcher », a rétorqué Brittany.

Et j'ai marché. Lentement. J'étais fatiguée, essoufflée, affaiblie, mais je n'étais qu'à mi-parcours. J'ai redoublé d'efforts.

Quand j'ai finalement terminé, je me suis sentie idiote d'être aussi faible après un parcours aussi court.

Puis je me suis assise pour le cours. J'allais bien. J'avais repris mon souffle. Nous avons commencé à chanter.

Un couplet ou deux plus tard, j'étais à nouveau essoufflée. J'ai fait une pause et n'ai repris qu'ensuite. Puis j'ai fait une nouvelle pause et me suis remise à chanter. Mais quand j'ai été prise d'étourdissements, j'ai arrêté pour de bon.

Quand nous changions de chanson, je tournais la page mais je me gardais bien de chanter. Les vertiges persistaient. Ils augmentaient, envahissant à présent tout mon corps. Je n'ai pas voulu tourner la page pour la chanson suivante. Mais l'instant d'après je me suis ravisée et je l'ai fait.

À la chanson suivante, je n'étais plus capable de tourner les pages. Mon corps ne répondait plus.

Je me suis assise.

Felicia m'a demandé : « Ça va ? »

J'étais incapable de la regarder. Je ne pouvais pas lui répondre. J'espérais qu'elle se rendrait compte que quelque chose clochait, mais non.

La pendule. Je devais voir l'heure qu'il était. *Levez-vous*, ai-je ordonné à mes yeux. Ils se sont levés lentement, par saccades. *À gauche, maintenant*, ai-je commandé. Ils ne voulaient pas obéir. J'ai insisté et, à force de gestes lents et saccadés, ils se sont fixés sur la pendule murale. Cinq minutes. Il restait cinq minutes avant qu'ils ne partent tous, tous sauf moi, et ils réaliseraient alors que quelque chose n'allait pas.

J'ai senti mon cœur cogner et s'accélérer. J'ai regardé les autres élèves et j'ai eu l'impression d'être dans une bulle. Ils chantaient toujours, agissaient comme si tout était normal, alors que dans ma bulle plus rien ne l'était. C'était comme s'ils appartenaient à un autre monde, comme s'ils faisaient partie d'un film dont j'étais spectatrice et que rien de ce qu'ils faisaient ne pouvait m'affecter.

C'était si triste et effrayant que les larmes que j'essayais de contenir se sont mises à couler.

J'ai inspiré, mais l'air n'est pas rentré.

En désespoir de cause, j'ai haleté.

C'est alors que la bulle a éclaté. Les gens se sont retournés et ont crié : « Ouvrez la fenêtre ! Allez chercher M. Smucker ! Qu'on l'emmène dehors ! »

Quelqu'un m'a portée dehors. Quelqu'un d'autre a apporté une chaise. Je ne saurais dire si ces personnes sont restées avec moi ou si elles sont retournées en classe car je n'avais qu'une chose en tête : respirer.

Je me suis calmée peu à peu et j'ai pu respirer plus facilement. J'ai senti des picotements dans les mains. J'ai commencé à frissonner. Je devais retourner en classe pour finir mon évaluation. J'allais mieux maintenant. J'étais encore un peu fébrile, mais j'allais mieux.

À peine rentrée à la maison, j'ai dormi. J'ai passé la soirée et la nuit sur le canapé sous une couverture, tout habillée, à dormir par intermittence.

Depuis cet épisode, je me sens très mal. C'est comme si j'avais fait un immense pas en avant quand j'étais en Caroline du Sud, et un pas tout aussi grand mais en arrière quand j'ai fait de l'hyperventilation.

Bizarre.

LE RÊVE

Je viens juste de faire un rêve que je vais vous confier (je me suis réveillée au beau milieu de ce rêve et à présent j'écris ces lignes).

Tout allait de travers. J'étais malade et faible (sérieusement, pourquoi ne suis-je pas en bonne santé dans mes rêves ?), tellement faible que je me suis écroulée par terre et ne pouvais pas me relever. Soudain, je me suis rendu compte que je ne portais presque rien. J'étais tellement gênée que je me suis enroulée dans une couverture et me suis enfuie à toutes jambes.

Il y avait un groupe de personnes dehors, et j'étais tellement contrariée que j'ai commencé à leur chanter quelque chose. J'ai d'abord chanté sur le fait que je ne passe jamais inaperçue dans une foule parce que je suis mennonite. Puis j'ai chanté sur le caractère ennuyeux, maussade et épouvantable de ma vie à cause de ma maladie, et sur le fait que participer à ce camp de jeunes (j'imagine donc que j'étais en camp de vacances, mais la fée Clochette était avec moi dans le dortoir donc je ne suis sûre de rien...) aurait dû être merveilleux et follement excitant, mais qu'il s'est finalement passé des choses encore plus horribles. Je racontais que je voulais m'enfuir parce que je ne le supportais plus.

Mais ce qui était vraiment génial dans ce rêve, c'est que j'avais l'impression d'être dans une comédie musicale ou quelque chose comme ça. De la musique surgissait mystérieusement de nulle part et ma voix était subitement agréable. Il m'est déjà arrivé de composer des chansons mais il me semble bien que c'est la première fois que je le fais en rêve.

Quoi qu'il en soit, je m'enfuyais en chantant car c'était le thème de ma chanson. Je courais sans m'arrêter, mais c'était trop beau pour durer. Je me suis écroulée. Au moins, j'avais pu courir. Ça doit bien faire six mois que j'en suis incapable. Le dernier couplet de ma chanson disait que j'étais à bout de souffle et que j'allais certainement faire de l'hyperventilation. Je gisais au sol à bout de forces mais plusieurs personnes que je ne connaissais pas m'avaient suivie et s'étaient rassemblées autour de moi. J'avais le sentiment qu'elles tenaient à moi et qu'elles allaient m'aider. Et je me suis réveillée.

ALLER NULLE PART

Suis-je donc destinée à n'aller nulle part dans ma vie ?

Je suis bien allée en Caroline du Sud. Mais il y avait autre chose que j'attendais avec impatience, et voilà que je ne peux plus m'y rendre. Mon groupe de catéchisme devait partir à Eagle Crest pour le week-end. Je n'ai pas passé de temps avec mes amis depuis une éternité, et Eagle Crest semble être un centre de villégiature génial, même si je n'y suis jamais allée. Mais les cols sont trop enneigés et nous ne pouvons plus partir.

S'il n'y avait eu que ça, j'aurais pu le surmonter. Mais ajoutez le voyage au Kenya... Suis-je destinée à n'aller nulle part dans ma vie ?

J'avais treize ans quand nous sommes allés au Kenya pour la première fois. Malheureusement, c'était pendant un de ces moments étranges d'accalmie où je ne tenais pas de journal. Mais quand je me souviens de ce que j'ai ressenti quand j'étais là-bas et que je relis les gribouillages bizarres dans mes carnets, c'est fascinant. Je veux y retourner. Je veux revivre ça.

Ma famille a prévu d'y retourner en avril. Pendant un temps, nous avons cru devoir annuler à cause de tous ces affrontements là-bas. Mais ensuite, les deux hommes qui se battaient pour être président ont signé une sorte d'accord et tout semble être rentré dans l'ordre. Le voyage est maintenu.

Sauf pour moi.

Mon père a cette drôle d'idée qu'il y a une chance que j'aille un peu mieux et puisse les accompagner. Mais je ne le crois pas. Ma mère non plus. Car, contrairement à la Caroline du Sud, le Kenya est un gros voyage. Et même si, d'une façon ou d'une autre, je pouvais le supporter, il y a beaucoup trop de maladies là-bas. Si j'attrapais quelque chose par-dessus mon virus du Nil, dans quel état finirais-je ?

J'imaginais qu'Amy ne pourrait peut-être pas prendre deux semaines de vacances pour aller au Kenya et qu'ainsi je resterais avec elle. Mais ce n'est pas près d'arriver. Elle a ses vacances. Tout le monde part, sauf moi.

DRAGIBUS ROSES ET RCP

S'il y a une chose que je ne comprends pas dans la vie, c'est bien les Dragibus. En particulier les Dragibus roses. Comment quelque chose de si mignon au nom si adorable peut-il être aussi dégoûtant ?

J'imagine que ça fait partie de ces choses appétissantes qui ont un goût horrible, comme le rouge à lèvres ou les narcisses. Je ne connais personne qui ait déjà mangé du rouge à lèvres. Et je ne connais pas non plus le goût des narcisses, mais je sais qu'ils sont toxiques. J'ai entendu dire qu'une femme trouvait les narcisses tellement jolis qu'elle a décidé d'en faire en soupe. La plupart des membres de sa famille en sont morts, elle y compris.

On nous a raconté cette histoire aujourd'hui, lors du cours de premiers secours et réanimation cardio-pulmonaire (RCP) que nous avons reçu, pour servir d'exemple. En plus d'avoir appris qu'il ne fallait jamais manger de soupe de narcisses même si tous mes amis en mangeaient, j'ai appris la réanimation cardio-pulmonaire sur un mannequin que j'ai appelé Christine.

Nous avons aussi pratiqué le bouche à bouche, qui n'était pas aussi bizarre que je l'imaginais. Le mannequin n'avait pas vraiment de visage, seulement un trou dans la tête dans lequel on bourrait une pochette gonflable en guise de poumons. Nous avons tous eu droit à notre tête de mannequin en caoutchouc et à un masque pour ne pas directement insuffler l'air lors du bouche à bouche.

Mais pratiquer le bouche à bouche reste dégoûtant à mes yeux. Si vous avez l'intention de frôler la mort sous peu et que vous voulez que je vous sauve, vous feriez bien de ne pas être en train de vous étouffer.

JOUR

Je suis allée à l'église dimanche, mais le soir je n'étais pas dans mon assiette. Était-il raisonnable d'aller à la soirée du groupe de jeunes ? Ne devrais-je pas plutôt rentrer sagement à la maison ? Ces questions résonnaient dans ma tête.

Justin est entré. « Quoi de neuf ? a-t-il fait.

– Je me demande si je viens à la soirée, ai-je répondu.

– Hum, a fait Justin, pesons le pour et le contre. » Il a commencé à me débiter toutes sortes de pour et a démonté tous les arguments contre que je pouvais avoir. Puis d'autres jeunes sont arrivés et se sont rassemblés autour de nous. J.D. a proposé de porter ses chaussures rouges si je venais. Heath a proposé de me ramener à la maison. J'ai fini par dire : « C'est d'accord…

– Allez, viens. On part tout de suite », a fait Justin en me poussant en avant. J'ai d'abord dû en parler à maman mais, une fois sur la route, Justin, J.D. et moi avons bien rigolé.

La fête était à la fois épouvantable et merveilleuse. J'avais une migraine horrible et le bruit n'arrangeait rien, mais tout le monde était adorable et très drôle. J'étais ravie d'y être allée. Il faut parfois accepter de souffrir quand le jeu en vaut la chandelle.

J'ai fait beaucoup de choses dernièrement, je suis allée en cours de temps à autre, à l'église et à cette soirée, mais malgré tout je ne vais toujours pas fort. Je me demande si cette sensation disparaîtra un jour.

J'imagine qu'en vivant au jour le jour et en ayant foi en Dieu, tout ira bien.

NUIT

Je suis vraiment nulle.

Regardez-moi. Regardez ma vie. Je vais être diplômée. J'ai bientôt dix-huit ans. Je suis malade. Plus rien n'a de sens. Je ne peux plus vivre. Je ne peux plus tirer le meilleur parti de ce que j'ai car je n'ai plus rien.

Je perds l'occasion de partir au Kenya chaque jour un peu plus. Et chaque jour, je pense à de nouvelles choses, aux choses que j'ai faites et que j'ai vues la dernière fois que j'y étais et que je ne pourrai probablement jamais refaire ni revoir.

Je veux avoir quelqu'un à qui raconter mes problèmes. La nuit, quand toutes ces pensées m'assaillent, je sais que je dois en parler à quelqu'un. Mais je n'ai personne.

Est-ce que tout est perdu ?

À ce moment précis, je pense que je devrais peut-être apprendre à faire cette chose super que les gens font dans les films, quand ils crient tellement fort que tout le verre autour d'eux se brise. C'est peut-être parce qu'ils chantent d'une voix trop stridente. Je n'ai pas envie de chanter d'une voix trop stridente. Je veux juste crier si fort que tous les objets en verre éclatent. Ce serait dément, non ?

JOUR ET NUIT

Chaque jour, j'arrive à mettre mes problèmes de côté et apprécier les bonnes choses que la vie m'offre, même si je souffre.

Chaque nuit, je pleure de douleur parce que la vie semble impossible. Et interminable.

AVRIL 2008

S'ENFONCER

Je suis dans une fâcheuse spirale infernale. Me voilà à nouveau constamment dans les vapes. Et pas à moitié. Alors je passe mes journées à la maison à regarder des films ou à surfer sur Internet sur l'ordinateur portable de maman pour me divertir, et parfois je me perds dans mes pensées ou je regarde des arcs-en-ciel danser dans mes cils.

Pendant près d'une semaine, j'ai pleuré toutes les nuits. Au beau milieu de la nuit, quand tout le monde était endormi, je sanglotais parce que la vie était affreuse. Dénuée de sens. Affreusement dénuée de sens. Rien de ce que je faisais n'importait. Rien. Et je ne pouvais aller nulle part à cause de mon état. Désormais, je pleure bien moins la nuit.

J'ai commencé à publier des billets sur mon blog dans lesquels je n'exposais que mon envie de hurler parce que même si la vie me met hors de moi, je ne peux pas faire que me plaindre sur mon blog.

Un soir où je me suis couchée de bonne heure, je me suis réveillée à une heure du matin. Je suis allée jeter un œil à mon blog, et devinez quoi ! Shelley, la copine de mon cousin Randy, me demandait pourquoi j'avais envie de hurler. C'était précisément ce que j'attendais que l'on me demande.

Je lui ai écrit un long message de lamentation. Après tout, elle avait demandé pourquoi j'avais envie de hurler. Je l'ai envoyé et je suis retournée me coucher, soulagée.

Elle m'a répondu des choses merveilleuses. Toutes les gentilles choses que j'espérais entendre et bien plus encore. Après, j'ai beaucoup moins pleuré la nuit. Mais mon état s'est dégradé, ce qui pouvait venir de là car parfois mon cerveau est trop anéanti pour ressentir le désespoir.

À présent il est tard et je vais très mal, autant physiquement que psychologiquement. Et j'ai le sentiment qu'il ne s'agit pas là d'une rechute passagère. Que je vais définitivement rester clouée au lit.

Quand mon frère grimpe les escaliers d'un pas lourd en chantant très fort de sa voix grave et dramatique « When I was sinking down », je crains qu'il ne touche une corde sensible en moi. Je veux bannir le monde pendant que je m'enfonce. Je veux rester étendue immobile à rêver de belles choses et des perspectives déroutantes de la vie. Je ne veux pas que l'on vienne me parler et je veux rester dans le noir. J'aimerais qu'il soit bien plus tard, ainsi personne ne m'envahirait. Pas un bruit. Pas un mouvement. Je pourrais regarder les étoiles à travers la fenêtre et chanter la chanson dans mon cœur, personne n'en saurait rien.

RIEN DU TOUT

Je ne voulais pas rester à la maison pendant que ma famille serait au Kenya. Je voulais partir un peu à l'aventure, rejoindre Amy en Caroline du Sud, par exemple, mais c'était impossible. Maman en a parlé sur son blog et a appelé des proches, et voici le plan compliqué que nous avons élaboré.

Dans un premier temps, j'irai passer quelques jours chez oncle Fred et tante Loraine en Oklahoma. Après, je serai au Kansas.

Attendez, au Kansas ? Qui est-ce que je connais là-bas ?

À vrai dire, personne ! Mais une amie de maman s'est dit que je pourrais rester avec la tante et l'oncle de maman qui vivent là-bas (et que je n'ai jamais rencontrés). Mais comme ça n'a pas pu se faire, elle s'est débrouillée pour me faire loger dans les environs chez des familles de l'église dont les filles sont proches de mon âge.

Si l'une de ces familles m'est complètement inconnue, l'autre, en revanche, est la famille Mast. La célèbre famille Mast.

Qu'est-ce qui la rend célèbre ? Ce n'est qu'une famille ordinaire du Kansas dont maman lit le blog, mais cette famille la fascine. Elle parle d'eux comme si elle les connaissait. C'est pourquoi rencontrer les Mast revient à rencontrer des gens célèbres, car j'en entends tout le temps parler mais je n'aurais jamais imaginé les rencontrer.

Quelle est ma réaction vis-à-vis de ce séjour ? Naturellement, je suis un peu déçue. Je devrais aller au Kenya avec ma famille et les autres élèves de terminale de ma classe. Le Kenya est certainement bien plus excitant et exotique que le Kansas, je n'en doute pas. Mais il y a aussi bien plus de maladies sous-jacentes. Et c'est bien la dernière chose dont j'ai besoin en ce moment.

Je devrais avoir quelques craintes. Je serai en famille en Oklahoma, bien entendu, mais au Kansas, je ne connaîtrai personne. Et si les personnes qui m'hébergent avaient une maison déprimante aux murs noirs, des têtes d'animaux morts partout, et s'ils ne lisaient pas ? Et s'ils me cassaient les pieds ? Et si je me sentais affreusement mal et n'avais personne pour me réconforter ? Et si la maison avait une drôle d'odeur ? Mais pour une raison inconnue, mes craintes se sont envolées. J'ai été effrayée mais je ne le suis plus, et je ne sais pas exactement pourquoi.

Je devrais vraiment être follement excitée. Ma vie est si calme et ennuyeuse que je devrais être folle de joie. Quand j'ai su que j'allais en Caroline du Sud, je pouvais difficilement contenir ma joie. Alors pourquoi ne suis-je donc pas plus enthousiaste ?

Je ne ressens rien du tout. C'est bizarre de ne rien ressentir quand on le devrait.

PEU IMPORTE

Pour être honnête, je ne voulais pas y aller. Je ne sais pas pourquoi, mais c'est comme ça. Je ne voulais pas qu'ils partent non plus. Je voulais que tout le monde reste à la maison et attende que j'aille mieux pour que nous allions au Kenya ensemble un peu plus tard.

Eh bien, autant vous avertir, faites attention à ce que vous souhaitez.

Une heure avant notre départ, j'ai consulté le blog de mon frère Matt. Matt ne part pas au Kenya, je ne vous l'ai pas dit ? Il est dans une école loin d'ici.

« Priez pour ma famille, a écrit Matt sur son blog. Ils sont en route pour ici. » J'ai cliqué sur le lien et une fenêtre s'est ouverte. C'était un article sur les violences qui venaient d'éclater au Kenya. Nous pensant en chemin, il n'avait pas pris la peine de passer un coup de fil pour nous en informer.

« Maman, ai-je fait en dévalant les escaliers, maman, il faut que je te montre quelque chose. »

Elle a lu l'article. Elle a appelé papa. Papa a passé quelques coups de fil.

Verdict ? Pas de Kenya.

Donc pas de Kansas non plus. Quand je l'ai appris, j'ai à tout prix voulu y aller. Surtout en lisant ces lignes que Heidi Mast, l'enfant du milieu de la fameuse famille Mast, a écrites sur mon blog :

Emily, j'ai été très peinée d'apprendre que tu ne venais plus ici. Je suis Heidi, du Kansas, et tu devais séjourner chez moi quelques jours puis chez une de mes amies… et mdr, je peux t'assurer que nous n'avons pas de têtes d'animaux morts en guise de décoration dans la maison, et j'espère qu'elle n'est ni sombre ni déprimante ! Ma sœur est mordue de livres donc ça n'aurait pas été un problème… Je fais moi aussi des allergies à certains aliments, alors quand maman m'a informée des tiennes, j'ai imaginé combien il serait amusant de te cuisiner des plats spéciaux. =) Il y a un groupe de filles ici qui attendait ta venue avec impatience et qui pense que tu es une fille géniale ! Nous avions prévu plein de choses super à faire quand tu serais là, si ton état le permettait. Jouer une pièce de théâtre, organiser des fêtes dans la grange, te lire nos livres préférés à voix haute, etc. Je te trouve hilarante, j'adore lire ton blog ! Enfin, les filles et moi aimerions beaucoup que tu nous rendes visite, même si ta famille ne part plus au Kenya… Sache que tu seras toujours la bienvenue !

Inutile d'ajouter que ce message m'a fait mourir d'envie d'y aller, seulement c'était trop tard.

Et maintenant, tout le monde est tellement déçu par cette histoire de Kenya que je me dis : *Pourquoi ai-je souhaité ça ? Suis-je donc folle ?* C'est dans ces moments-là qu'il est bon de savoir que Dieu a un plan pour chacun de nous. Vraiment.

TOUTES LES FOURMIS DOIVENT MOURIR

J'étais dans ma chambre à faire du thé. Tout le monde dormait. Je suis descendue à la cuisine dans le noir à la recherche d'un morceau de sucre.

J'ai sorti la boîte à sucres. Elle grouillait de fourmis. Entendons-nous bien, je ne déteste pas autant les fourmis que les papillons de nuit, mais quand il y en a partout, je ne le supporte pas. C'est simple, elles doivent mourir.

En temps normal, je pourrais soudoyer mes frères pour accomplir cette tâche, mais ils n'étaient pas à la maison.

Le problème avec les fourmis, c'est qu'elles sont dures à tuer. Vraiment ! On peut les écraser bien sûr mais ensuite elles empestent, et le temps d'en écraser une, les autres peuvent vous grimper le long du bras. Et noyer une fourmi prend un temps fou.

J'ai généreusement vaporisé la boîte de nettoyant toutes surfaces récupéré dans la salle de bain. Si certaines fourmis se sont ratatinées et ont rendu l'âme, les autres ont continué leur chemin comme si de rien n'était. Et chaque morceau de sucre en dissimulait de nouvelles.

Bon. Retour à la salle de bain où j'ai cette fois-ci récupéré le vieux porte-brosse en plastique qui accueille la brosse de toilette. Je l'ai rempli d'eau. La boîte à sucre entière a atterri dedans. Puis j'ai à nouveau trimballé l'engin dans la salle de bain et j'ai aspergé de lotion chacune des fourmis qui osait échapper à l'eau en grimpant sur le couvercle de la boîte.

Ça montrera à ces fourmis à qui elles ont affaire.

Et au passage, un thé à la menthe sans sucre n'est pas si mauvais.

VACANCES DE SUBSTITUTION

Il n'y a rien de tel qu'entasser six personnes dans une caravane pliante pour le week-end. Tout le monde doit se coucher et se réveiller au même moment que les autres car l'engin est si fragile que le moindre mouvement provoque des vibrations et réveille tout le monde. J'ai contourné cette règle en lisant tard le soir à la lumière de mon portable et en me rendormant le matin dès que quelqu'un me réveillait. Mais après, j'ai fait ce rêve bizarre : maman me criait dessus pour que je me lève, elle voulait me chasser du lit à coups de chaise pliante et me disait que je commençais à avoir du poil au menton. J'étais tellement furax que je me suis réveillée en hurlant, ce qui a provoqué l'hilarité générale. Il s'est avéré que pendant que je dormais, maman avait dit à Ben qu'il commençait à avoir du poil au menton.

La plupart du temps, nous mangions dehors pour profiter du beau temps et éviter de nous marcher dessus. Sauf pour le petit déjeuner. Nous enjambions alors les sacs, convertissions le lit en table et transvasions le thé de la casserole à nos vulgaires tasses en plastique à l'aide d'une louche qui avait tendance à goutter.

Et même si nous étions très à l'étroit à l'intérieur, le paysage extérieur en valait la peine. Et il y a quelque chose d'aventureux dans le fait de partir camper en famille dans une petite caravane.

L'idée nous est venue après l'annulation du voyage au Kenya, pour nous distraire un peu. Et ça a porté ses fruits. Ce n'était pas une aventure incroyable car j'ai passé la plupart du temps allongée dans la caravane pliante, mais c'était vraiment drôle.

Ce soir, par exemple. J'ai suivi le chemin de sable jusqu'au bout, à la périphérie de la ville. J'ai marché jusqu'au pont et me suis assise, stupéfaite d'avoir autant marché. À quel moment ai-je eu autant d'énergie ? Je n'ai pas utilisé John McCane depuis mon retour de Caroline du Sud, mais ce n'est pas pour autant que j'avais des forces.

J'ai appelé papa. Il est venu me chercher. Je crois qu'il était contrarié que je ne sois pas rentrée avant la nuit, mais aussi très fier que j'aie marché si loin.

Dans l'ensemble, ces petites vacances étaient délicieuses. Elles m'ont fait un bien fou. J'ai lu de bons livres, passé du temps en famille. Que demander de plus ?

TROIS MANIES FARFELUES

Quand je m'assieds dans l'église, j'essaye de me positionner de façon que le prêtre semble se trouver dans l'oreille de la personne devant moi.

Généralement, quand je m'installe pour lire, je détache mes cheveux pour me mettre à l'aise. Ensuite, je prends les accessoires qui me servaient à m'attacher les cheveux et je joue avec en lisant. J'utilise mes baguettes à cheveux pour me tapoter, et si elles sont transparentes, je les place sur la ligne que je suis en train de lire et j'essaye de la déchiffrer. J'accroche mes barrettes au livre, les unes sur les autres, et aussi sur mes doigts.

En voiture, j'ai tendance à m'occuper pour passer le temps car généralement je ne suis pas au volant. J'ai toujours imaginé qu'une grande lame dépassait de la voiture et coupait tout ce qui se trouvait sur son passage : herbe, arbres, buissons et panneaux de signalisation. Et parfois, je prétendais que l'ombre de la voiture était une lame. Dès que je suis assise derrière le conducteur et qu'il fait noir, j'essaye de positionner ma tête de façon à ne pas voir les phares des voitures qui arrivent en face. Ils sont toujours bloqués par la tête du conducteur. Ensuite, quand la tête du conducteur commence à luire, j'essaye de prévoir le moment exact où fermer les yeux pour ne jamais avoir les phares dans les yeux quand ils se rapprochent.

Voilà.

ÊTRES EXCEPTIONNELS OUBLIÉS

Il y a des personnes vraiment merveilleuses, à l'esprit de sacrifice, dont je ne parle pourtant jamais. Pourquoi ? Je devrais écrire tous les jours sur ces êtres exceptionnels.

Comment pourrais-je décrire à quel point ma mère est belle ? Je me plains et elle écoute. Après des semaines, des mois. Des années pourraient défiler qu'elle continuerait. Elle m'apporterait toujours mon thé sur un joli petit plateau. Elle compatirait toujours à mes complaintes. Elle ferait tout ce qui est en son pouvoir pour m'aider. Pouvez-vous imaginer plus belle âme ?

Et mon père. Il dit toujours : « Emily ! Tu es resplendissante ! » Ça me fiche le cafard jusqu'à ce que je comprenne à son regard qu'il souhaite désespérément que j'aille mieux. En temps normal, il est très regardant sur les dépenses, mais je crois qu'il serait prêt à payer tout ce qui me permettrait de me sentir mieux. Il paye déjà un nombre incalculable d'analyses sanguines et de visites médicales. Quand nous sommes allés passer le week-end tous ensemble sur la côte et que ma santé s'est améliorée, il a parlé de m'emmener là-bas tous les week-ends si ça pouvait aider.

Mais par-dessus tout, il y a Dieu. Pourquoi ai-je l'impression que si je parlais de Lui à n'en plus finir, je déprécierais une relation incroyablement belle ? Pourtant, comment puis-je négliger aussi souvent dans mes écrits ce qui compte le plus pour moi dans la vie ?

Comment décrire ce que Dieu fait pour moi ? Comment expliquer les nuits froides et solitaires où je n'ai rien, rien d'autre que Lui ? Quand Il annonce : « J'ai un plan », comment décrire l'espoir qu'Il m'apporte, même s'il n'y a pas l'ombre d'une bonne nouvelle par la suite ?

Pourtant, je sais qu'Il dit la vérité.

J'ai confiance en Lui. Comment ne pas Le croire ? Il m'a débarrassée de mes soucis.

DISTRIBUTEUR DE BOULES SURPRISES

Vous vous souvenez de la famille Mast ? Il s'avère que l'aîné, Hans, est actuellement en Oregon. Il est venu pour un repas-partage à l'église, et nous nous sommes retrouvés ensemble dans la file d'attente. « Où sont tes frères ? » m'a-t-il demandé.

Vous voyez ces machines disposées à l'entrée des supermarchés, celles qui ressemblent à des distributeurs de chewing-gum mais qui contiennent des boules avec une bricole sympa dedans ? Après avoir inséré une pièce et tourné la mollette, on se retrouve avec un gadget bon marché en plastique dont on se moque. Voilà ce à quoi ressemblait mon cerveau à ce moment-là. Il y a un million de réponses intéressantes à la question « Où sont tes frères ? », comme « Ils se sont envolés jusqu'au pays imaginaire », ou « Ils ont trop mangé et ont grandi de cinq centimètres alors ils se cachent parce qu'ils ne veulent pas se montrer avec un pantalon trop court », ou même « Je crois bien avoir vu passer le joueur de flûte il y a cinq minutes, ils ont dû le suivre ». Mais de toutes les réponses intéressantes à sortir, il fallait que ce soit « Oh, ils sont décédés ».

Sérieusement. C'est ce que j'ai dit : « Oh, ils sont décédés. » Il a ricané par politesse car il était évident que je blaguais, mais j'avais envie de disparaître. Parce qu'en y pensant bien, ça n'avait rien d'intéressant ni de drôle. C'était même plutôt morbide.

Stupide cerveau distributeur de boules surprises.

MAI 2008

LE JOUR DE L'ÉCOLE BUISSONNIÈRE

Tous les ans, les élèves de première enlèvent les terminales après les cours pour une expédition surprise qui nous permet de sécher la journée du lendemain. Seulement, cette année, ce sont les élèves de seconde qui nous ont enlevés car il n'y a pas d'élèves de première.

Voici comment j'ai toujours imaginé ma journée buissonnière : Justin, Bethany et moi sortons tranquillement de l'école. Tout à coup, les élèves de seconde font : « Hé, devinez quoi ? C'est le jour de l'école buissonnière !

– Le jour de l'école buissonnière ? » soufflons-nous avec étonnement tandis que nos mères sont déjà en route pour nous déposer un sac d'affaires de rechange. Puis nous nous entassons dans une camionnette pour nous rendre dans un endroit exotique où nous n'aurions jamais pensé aller et nous nous amusons tellement qu'il est impossible de nous remémorer tous les bons moments passés ensemble.

Vous voulez savoir ce qui s'est vraiment passé ?

Il y a une semaine, maman me dit : « Emily, je ne t'ai rien dit, mais tu voudrais peut-être préparer ton sac. »

Et voilà qu'effectivement, vendredi dernier, alors que j'étais au lit malade comme un chien, Stephy a appelé. « Hé, devine quoi ? C'est le jour de l'école buissonnière ! a-t-elle fait. On passe bientôt te chercher ! »

J'ai attendu et attendu. Ils ont fini par arriver, Ben s'est précipité dans les escaliers et a jeté frénétiquement quelques affaires dans son sac à dos. Je suis montée dans la camionnette. Ils avaient du retard parce qu'avant ils avaient dû passer prendre Justin et Bethany. Bethany était au travail et Justin était malade lui aussi. C'était la première fois qu'aucun élève de terminale ne se trouvait à l'école lors de la traditionnelle journée buissonnière.

Tout allait de travers. J'étais malade. Justin était malade. Il n'y a eu qu'une conversation à peine intéressante pendant tout le trajet. J'ai fait un film sympa avec mon caméscope sur des monstres dans les toilettes, et un jeu de rôle rigolo avec les autres filles. Sinon ? Nausée. Migraine. Regarder les autres s'amuser. Dégoûtée.

J'ai passé presque toute la journée allongée dans la maison au bord de la plage pendant que les autres couraient dans le sable, jouaient au football américain, faisaient les magasins ou toutes sortes de trucs géniaux. J'ai l'impression d'avoir été privée d'une journée buissonnière formidable, vous voyez ?

LA CHAMBRE

Depuis que Matt a déménagé, sa chambre est restée vide jusqu'à ce que papa trouve le temps de la refaire et de la transformer en un fantastique paradis pour moi. J'attends ce jour depuis l'âge de treize ans et il est sur le point d'arriver !

Papa a posé des cloisons sèches et a engagé un type pour s'occuper des finitions et niveler les murs. J'ai choisi la peinture verte la plus ravissante. Elle porte le nom de « vert chatoyant ». Comme j'étais trop faible pour peindre moi-même, nous avons demandé à une femme de l'église qui adore peindre de le faire pour nous.

À présent, tous les murs sont verts et il ne reste plus qu'à faire les dernières retouches et à mettre les meubles. Steven s'est enfin attaqué au plafond aujourd'hui, il a bouché les trous avec une pâte blanche. Il se tenait sur des planches qui reposaient sur des tréteaux. Jenny adorait les planches, elle les chevauchait et leur donnait des noms de chevaux. Je ne sais pas pourquoi elle appelait les planches ses chevaux au lieu de qualifier de chevaux les tréteaux, mais qui peut bien savoir comment Jenny réfléchit ?

J'ai vraiment hâte d'emménager ! J'essaye de trouver un joli nom pour ma chambre. J'ai pensé à Tara, comme dans *Autant en emporte le vent*, mais c'est un peu trop court et sec, et je trouve que ça manque de charme.

ALBUM DE PROMOTION

L'un des plus gros inconvénients quand on est malade toute une année scolaire et que l'on doit se charger de l'album de promotion, c'est, comme vous le devinez, qu'il est très compliqué de le finir en temps et en heure. Il n'y a que Justin qui saurait s'en charger, mais il ne peut pas prendre de décisions majeures sans me consulter.

Hier, après l'école, Bethany, Justin et moi avons travaillé dessus huit heures d'affilée. Aujourd'hui, nous n'y avons passé que quatre heures. Nous l'avons terminé. Toutes les pages de l'album de promotion sont assemblées !

Demain, c'est le jour de la remise des diplômes. Maman m'a acheté des chaussures à talon argentées. Je ne sais pas si elles me plaisent ou non. Mais je pense quand même les porter. Ma robe argentée est prête, ma veste verte aussi.

J'ai fini mon discours ce soir. Au fond, j'espère de toutes mes forces que les gens le trouveront charmant et qu'ils s'en souviendront, qu'ils seront touchés. J'espère qu'il leur fera réaliser certaines choses, même si je ne sais pas vraiment quoi. Mais je veux que quelque chose en ressorte. Après tout, je ne suis pas vraiment diplômée.

Je crois que j'étais un cas tellement à part, étant malade l'année entière, que la commission scolaire a été indulgente envers moi. J'ai un demi-diplôme et je dois travailler de chez moi pour le faire valider.

Voilà que je quitte le lycée pour de bon. Pourtant, je n'ai pas l'impression de quitter le lycée pour de bon mais de l'avoir déjà quitté depuis longtemps. Je n'ai eu l'impression d'être à l'école que les deux premières semaines, entre le moment où le virus du Nil s'est déclaré pour la première fois et avant qu'il ne se déclare à nouveau. Ensuite, à chaque fois que j'y ai remis les pieds, j'ai eu le sentiment de n'être que de passage.

Cet après-midi, j'ai jeté un coup d'œil à la salle polyvalente. Il y avait des tables recouvertes de nappes argentées imprimées de toques noires. Une grande affiche avec un message de félicitations pour les diplômés avait été suspendue à la fenêtre qui se trouvait entre la salle polyvalente et la cuisine vétuste. Et il y avait des pâquerettes blanches et vertes dans de jolis vases.

J'espère que la cérémonie va bien se passer.

CÉRÉMONIE

Imaginez commander un gâteau au chocolat et recevoir à la place… disons un cornichon. Un bon gros cornichon juteux. C'est le sentiment que j'ai eu pendant la cérémonie de remise des diplômes. Elle n'avait vraiment rien d'un gâteau au chocolat.

Il faisait une chaleur insoutenable dans la salle de conférence. Pendant que J.D. nous tenait un discours incroyable sur l'importance de s'accrocher à ses rêves ou quelque chose comme ça, j'avais peur de me mettre à hyperventiler. Je n'en ai presque rien entendu. Amy m'a apporté un verre d'eau, Bethany m'a éventé le visage et a demandé que l'on baisse le chauffage.

Puis l'heure de mon discours est venue. J'étais vraiment paniquée. J'évoquais ma maladie car n'étant allée que rarement à l'école, il m'aurait été difficile d'en parler. Le problème, c'est que mon histoire n'avait pas de belle fin.

Ma mère m'a aidée à l'écrire. Je lui ai raconté la frustration d'être malade, de rater les meilleurs moments de sa vie et d'avoir un avenir incertain. Elle a pris des notes. Et je me suis tue. Je n'avais rien à ajouter.

« Cependant… » a-t-elle insisté.

C'est alors que j'ai compris ce qui clochait dans mon histoire. « Il n'y a pas de cependant ! Je pense que tout le monde s'attendra à ce que j'ajoute : "Cependant, j'ai beaucoup appris en traversant ces épreuves, c'est pourquoi ça en valait la peine." Mais dans ma tête, il n'y a pas de "cependant". Je suis toujours malade et je ne pense pas être devenue une personne meilleure qui prend son mal en patience, ou quoi que ce soit d'autre. Je ne comprends pas pourquoi je dois traverser tout ça !

– Alors c'est ce que tu dois dire », m'a répondu ma mère.

Et c'est ce que j'ai fait. Devant ces gens qui s'attendaient à m'entendre parler de la grâce de Dieu qui s'est manifestée pendant ma maladie, des choses merveilleuses que j'en ai retirées ou encore des effets bénéfiques de la douleur, j'ai simplement dit la vérité.

« J'ai toujours pensé, avant que ma maladie ne se déclare, que Dieu ne me donnerait jamais plus que ce que je pouvais supporter. Mais je me suis rendu compte de mon erreur, car quand nous n'avons pas le choix, nous pouvons surmonter n'importe quoi. Si nous pensons que certaines choses sont insurmontables… nous sombrons dans la folie. Si l'on nous donne une épreuve à traverser, il faut l'accepter, même si nous ne nous en sentons pas capable, parce que sombrer dans la folie est bien pire que nous ne l'imaginons. »

« Je ne peux pas dire que j'en ai déjà voulu à Dieu ni que j'ai eu l'impression qu'Il m'avait abandonnée. Mais il y a tant de choses que je ne comprends pas. D'abord, je ne comprends pas pourquoi il a fallu que je tombe malade. Je ne comprends pas pourquoi il a fallu que ce soit pendant mon année de terminale. Je ne comprends pas pourquoi il a fallu que ça dure si longtemps. Mais surtout, je ne comprends pas pourquoi je n'ai pas eu cette effusion de grâce nécessaire pour surmonter cette épreuve qu'ont eue d'autres personnes avant moi. »

Mon discours était fini. Je voyais la réaction du public, il était ému. Bethany a discrètement essuyé ses larmes. Justin m'a dit d'un ton grave qu'il m'avait trouvée très bien. J'étais rassurée, heureuse.

Plus tard, plusieurs personnes m'ont dit qu'elles avaient tout bonnement adoré mon discours. Elles m'ont aussi félicitée d'avoir obtenu mon diplôme, ce que j'ai du mal à comprendre car je n'ai qu'un diplôme non validé.

J'ai ouvert des tonnes de cadeaux, discuté, ouvert d'autres cadeaux, discuté à nouveau, et à la fin j'étais épuisée. Je suis rentrée à la maison. Et c'était fini. Je suis partie si tôt que personne n'a pu avoir de photo des diplômés au grand complet.

Cette cérémonie était plutôt sympa, j'ai eu des cadeaux et mon discours a été apprécié. Mais c'était sympa comme un cornichon, pas comme un gâteau au chocolat.

MÉLI-MÉLO ÉPIQUE

Jusqu'à présent, j'avais réussi à éviter de croiser la route des papillons de nuit. Je commençais à croire, pour mon plus grand bonheur, que je les avais peut-être tous exterminés l'an dernier. Visiblement, j'avais tort. J'en ai vu un hier et je n'avais malheureusement pas assez de force pour me lancer à sa poursuite. Steven, le militant pour les droits des papillons de nuit de cette maison, serait très fier.

J'en ai marre de tous ces médicaments. Encore et toujours des médicaments. Pourquoi tout le monde pense-t-il avoir le médicament magique qui me guérira ? Pourquoi dois-je les essayer tous ?

Amy est revenue, ce qui m'oblige à lui rendre son canapé et reprendre mon lit. J'en arrive à me demander pourquoi les canapés sont bien plus confortables que les lits. Mais j'ai retrouvé ma grande sœur et c'est super !

COLORADO

C'est dans un patelin du Colorado, à non moins de cinq heures et demie de l'aéroport le plus proche et le plus abordable et à environ vingt heures d'ici, que mon cousin se marie. Matt, maman, papa, Jenny et moi nous sommes entassés dans la voiture pleine à craquer pour nous y rendre. Inutile de préciser que nous étions serrés comme des sardines.

Nous sommes partis à 15 h 30 et sommes arrivés le lendemain midi après avoir roulé la nuit entière. Pendant tout le trajet, nous n'avions qu'une envie : dormir. Pourtant, personne n'a réussi. C'était d'autant plus compliqué pour maman, Jenny et moi qui nous trouvions à l'arrière de la voiture. Après moult magouilles et jérémiades, Jenny a fini par poser sa tête sur les genoux de maman et ses pieds sur les miens. Elle a dormi comme un bébé. Mais avec chacune un bout de Jenny sur les genoux, maman et moi ne trouvions pas de position confortable pour sauver nos vies. Et dès que je bougeais, j'avais l'impression de planter mes doigts dans des cheveux ou de cogner un orteil.

Une fois arrivés, nous avons fait une sieste et nous sommes rendus au dîner de répétition. C'était un dîner de répétition vraiment bizarre. Les mariés étaient absents.

Le mariage a eu lieu le lendemain. Matt s'ennuyait et a dessiné l'arrière du crâne de grand-mère sur son programme. J'ai brièvement rencontré la sœur de la mariée, qui a eu une candidose pendant près d'un an et sait donc ce que c'est que de souffrir d'une longue maladie. Mais je n'ai pas pu lui parler longtemps. J'ai quitté la réception rapidement car je ne me sentais pas bien, et j'ai passé le reste de la journée avec ma famille, ma tante Barb et ma cousine Stephy.

Dimanche matin, nous avons repris la route. Jenny était d'humeur chantante. Elle n'arrêtait pas de chanter « Si ces six cent six sangsues sont sans sucer son sang, ces six cent six sangsues sont sans succès », et quand je lui ai demandé d'arrêter, elle a remplacé les paroles par des gazouillis de bébé. Elle a aussi chanté « Si mon frère me racontait des bobards, je le verrais à son regard », une chanson idiote que j'avais inventée, mais elle se trompait dans les paroles et ça me rendait folle. Ensuite, maman lui a acheté un chapeau de cow-boy à la station-service car elle est dans sa période cheval, et Jenny a essayé de chanter des chansons religieuses en prenant une intonation country.

Rien ne pouvait l'arrêter. Quand elle s'en voulait d'ennuyer tout le monde, elle se taisait environ cinq minutes et repartait de plus belle avec la chanson qu'elle chantait déjà depuis deux heures. Finalement, Matt a décidé de lui prêter son iPod. Il était très content de lui et s'en est voulu de ne pas y avoir pensé plus tôt. Mais ensuite, Jenny s'est mise à entonner « Mmm mmmmm in Texas, you gotta have a fiddle in the band ». Elle marmonnait les paroles qu'elle ne connaissait pas et chantait certaines notes beaucoup trop haut ou beaucoup trop bas. Inutile de dire que le problème des chansons n'était pas résolu.

Cette fois-ci, nous avons laissé papa à Salt Lake City pour qu'il rentre en avion. Nous avions ainsi plus d'espace dans la voiture.

Quand il a commencé à faire nuit, maman et Jenny se sont endormies. Je n'ai pas suivi leur exemple car je voulais maintenir Matt éveillé et essayer d'apercevoir un cerf. Nous avons roulé et roulé en parlant à voix basse du Yéti. Nous nous sommes bien fichu la trouille ! C'est vraiment agréable de rouler de nuit sur une route déserte. Au fur et à mesure, les arbres ont remplacé les armoises, et nous étions de retour dans ce bel État de l'Oregon. Je me suis endormie.

UNE AUTRE ANALYSE

J'ai le secret espoir que quelque chose dans l'air de l'Oregon me rend malade. Je veux déménager pour guérir et avoir une vie géniale ailleurs. C'est ce que je souhaite depuis que je suis tombée malade.

Le 10 juin, j'ai une analyse de sang. Elle est censée me dire si l'Oregon est en partie responsable de mon état. Après tout, quand j'étais en Caroline du Sud et dans le Colorado, j'allais bien. Et s'il y avait une sorte de moisissure à laquelle je suis allergique ? Quelque chose que l'on ne trouve qu'ici ?

Il n'y a pas de bonne réponse. Qui aurait envie d'être allergique à l'endroit où il vit ? Et pourtant, si ça signifie pouvoir enfin profiter et m'amuser, c'est ce que je souhaite de tout mon cœur. Il y a des choses que je ne comprends pas, et celle-là en fait partie.

Il est quand même bon de savoir que Dieu sait ce qui va se passer et pour quelle raison. Et que quoi qu'il arrive, c'était la meilleure chose. Ou du moins la plus juste. Ce qui devait arriver.

JUIN 2008

ME TENIR LA MAIN

On a prélevé mon sang hier. Pendant que le médecin préparait les fioles, la vilaine grosse aiguille et tout le reste, ma mère m'a regardée et m'a dit : « Tu veux que je te prenne la main ?

– Oui », ai-je répondu comme à chaque fois.

Après avoir rempli la moitié de la deuxième fiole, le médecin a dit que je voulais simplement me faire masser la main, que je n'avais vraiment pas besoin que ma mère me tienne la main. J'étais une fille très courageuse, a-t-il ajouté.

Oui, oui, les médecins sont censés dire ce genre de choses. Et habituellement, je ne fais pas dans l'émotionnel. Surtout qu'une prise de sang, ce n'est pas très douloureux.

Mais je me suis rendu compte que ce que je détestais dans les prises de sang, c'était davantage l'idée de devoir en faire une que la douleur qui l'accompagnait. Effectivement, c'est un peu douloureux, mais c'est une douleur que je peux supporter. Même si la douleur est supportable, la sensation de l'aiguille qui s'enfonce dans le bras est fort déplaisante. D'ailleurs il suffit que notre regard tombe dessus (même si nous avons fait notre possible pour que ça n'arrive pas) pour que nous voyions le flacon se remplir peu à peu de sang. De notre sang. Cette idée seule me donne des frissons, et j'ai envie que l'on me tienne la main.

Je ne sais pas pourquoi il fallait trois flacons de sang pour voir si je suis allergique à l'Oregon, mais c'est ce qu'il a pris.

J'AIMERAIS...

J'aimerais aller quelque part très loin, rencontrer de nouvelles personnes et faire quelque chose d'excitant, même si ça fait mal.

J'aimerais trouver comme par magie un endroit où loger toutes mes affaires.

J'aimerais faire du patinage artistique.

J'aimerais que les bestioles s'enfuient quand elles sentent ma présence. Aujourd'hui, j'ai vu un papillon de nuit dans la Honda. J'ai crié, Amy a pris peur. Il est mort très rapidement. Puis je suis rentrée à la maison et il y avait des petites bestioles sur le papier toilette. Beurk.

J'aimerais que tout le monde dise « ballon prisonnier » et non « balle aux prisonniers ».

J'aimerais ne jamais être grossière.

J'aimerais pouvoir porter un déguisement partout et me sentir à l'aise.

J'aimerais que le médecin m'appelle tout de suite et me fixe un rendez-vous pour parler des résultats de mes analyses. Je n'aime pas attendre.

LE GOÛTER DÉGUISÉ

Aujourd'hui, on m'a invitée à goûter autour d'une tasse de thé. J'adore le thé et j'adore me déguiser. Je ne comprends pas pourquoi, en grandissant, les gens n'organisent plus de goûters déguisés.

J'étais affublée d'une robe rose en soie, d'un chapeau rose à bords tombants, de gants blancs et de chaussures argentées, toute la panoplie. Les autres filles sont arrivées dans leur tenue habituelle et ont enfilé sur place une tenue de demoiselle d'honneur.

Nous nous sommes assises autour d'une table joliment décorée et avons discuté des princes fringants de notre entourage.

Puis nous sommes allées nous promener dans nos habits duveteux roses. C'était génial de voir la tête des automobilistes qui nous dépassaient, nous les avons salués.

Se déguiser, faire semblant, boire le thé. Qu'y a-t-il de mieux pour passer le temps ? Malheureusement, cette journée m'avait vraiment épuisée et je n'ai pas pu aller à la soirée pyjama de ce soir à laquelle j'étais conviée.

SUR PLACE

J'ai cette petite sensation de malaise qui grandit au creux de mon ventre. Et je suis frustrée. Et en colère.

Je n'irai pas à la convention de l'Alliance biblique mennonite en Caroline du Sud. Je suis contrariée. Je voulais vraiment y aller. Ça me tenait à cœur. Parce que je rêve d'aventure, et je voulais revoir Mitch.

Et il y a plus. Je me disais qu'en retournant en Caroline du Sud, je me sentirais peut-être mieux. Je tiens tant à être à nouveau sur pied.

Mais non, je dois rester à la maison et m'occuper de ce que j'ai à faire ici.

Soupir.

LISTES

Cinq choses que je ne comprends pas dans la vie :

1. Pourquoi tout le monde semble être mécontent de sa vie ;
2. Pourquoi il faut ajouter du sucre dans la compote de pomme et non dans le cidre sans alcool alors qu'ils sont tous deux faits de pommes écrasées ;
3. Pourquoi certaines personnes n'aiment pas lire ;
4. Pourquoi je suis toujours malade ;
5. Pourquoi je ne trouve que quatre choses à dire alors que je suis tout le temps en train de penser à ce que je n'aime pas dans la vie.

Cinq choses que j'ai apprises à cause de ma maladie :

1. Peu importe le nombre d'analyses sanguines que je fais, les résultats reviennent toujours négatifs ;
2. Il est plus facile de mentir quand quelqu'un vous demande « Comment ça va ? » que de dire la vérité ;
3. L'idée que « Dieu ne permettra pas que nous soyons éprouvés au-delà de ce que nous pouvons supporter » est idiote parce que nous pouvons tout supporter si nous y sommes forcés ;
4. Je serai malade toute ma vie ;
5. Les choses pourraient toujours être pires que ce qu'elles sont (mais cette idée n'est pas le moins du monde réconfortante).

Cinq choses que j'aimerais être capable de faire :

1. Aimer tous les aliments ;
2. Avoir toujours quelque chose d'intelligent à dire ;

3. Ne pas avoir peur de faire des choses, sauf si elles sont vraiment dangereuses (sauter d'une falaise ou nager avec les requins, par exemple) ;
4. Lire de lents classiques sans tomber dans l'ennui ;
5. Profiter à fond de la vie malgré ma maladie.

Cinq choses que j'aimerais avoir :

1. Des cadres photo pour y glisser toutes mes belles images de conte de fées ;
2. Un bon logiciel de montage vidéo ;
3. Plus de place dans ma chambre pour pouvoir y mettre le mannequin de couture que j'ai eu pour mon diplôme ;
4. Une potion magique ;
5. Un peu de porc au barbecue de ce restaurant chinois à Junction City, là où l'eau est imbuvable et où la serveuse vous donne de grandes tapes dans le dos.

Cinq choses étranges dont je suis tombée amoureuse en rêve (ou du moins pour lesquelles j'ai eu un coup de cœur) :

1. Un oiseau qui s'appelait tantôt oiseau de feu, tantôt oiseau de neige ;
2. Le personnage de John Travolta dans *Grease* (je ne me souviens plus de son nom, probablement parce que je n'ai jamais vu le film. Je n'ai lu que des articles dessus).
3. Ce type qui faisait partie d'un groupe de musique chrétienne dont l'une des chansons s'intitulait *Eva était une sirène.* Seulement, à chaque fois que le groupe la chantait, il changeait

ce qu'était Eva (par exemple « Eva était un cheeseburger », « Eva était une souris ») ;

4. Ce type qui contrôlait les nuages (et vivait dedans), qui avait des mains noires très puissantes et des boucles d'oreilles en argent qui se trouvaient être des petits ciseaux, et qui rattachait sa main à son bras après qu'elle se fut détachée lorsque j'ai voulu grimper sur les nuages à l'aide d'une corde nouée autour de son poignet ;
5. Une pince à linge.

MANDERLY

Maman et moi sommes allées acheter des meubles pour ma chambre que nous avions repérés dans les petites annonces. Secrètement, j'ai toujours voulu au plus profond de moi un lit à baldaquin. Figurez-vous qu'une fille a décidé que son lit à baldaquin faisait trop gamin seulement deux semaines après avoir dormi dedans. Son père nous a dit qu'elle allait avoir un nouveau lit et des draps Hannah Montana.

Hmm… Je me demande au bout de combien de temps je trouverai ce lit trop enfantin et supplierai mes parents d'en acheter un nouveau avec des draps Hannah Montana.

J'ai appelé ma chambre « Manderly ». J'ai trouvé ce nom dans *Rebecca*, un livre extra. Seulement, je l'ai écrit « Manderly » au lieu de « Manderley ». Quand j'ai imprimé l'écriteau pour ma porte, je ne me suis pas rendu compte qu'il manquait un « e ».

Manderly sera un vrai paradis. Je suis sur le point d'y emménager.

C'est dingue tous les trucs que j'ai à faire.

RESTER À LA MAISON

À deux heures d'ici, se trouve une petite ville appelée Winston. Dans la ville de Winston, il y a une petite église mennonite qui propose tous les étés un centre aéré chrétien pour les enfants du coin. Ils sont nombreux à venir. L'église est petite. Toute aide est la bienvenue. L'an dernier, Amy, Stephy et moi y avons passé une semaine pour donner un coup de main. Impossible de vous dire à quel point nous nous sommes amusées.

Naturellement, elles y retournent cette année. Elles y vont, mais sans moi, et quelque part j'en souffre.

Et ce n'est pas tout, ma famille part faire du canoë cet été. C'est quelque chose que nous faisons tous les ans. Matt et maman s'en moquent, mais nous autres adorons y aller. Nous nageons, campons, descendons la belle rivière Willamette en canoë. C'est grandiose.

Le canoë, c'est mon truc. Personne dans ma famille ne pagaye aussi bien que moi, sauf papa bien sûr et peut-être Matt, mais lui, le canoë ne l'intéresse plus depuis quelques années déjà.

Voici ce qui se passe pour moi d'habitude : je peux passer une journée entière à apprendre à faire quelque chose, comme du skateboard, du bâton sauteur, ou jouer à un jeu vidéo, et Amy, Ben ou Steven débarquent, et en cinq minutes seulement ils sont bien meilleurs que moi. Mais avec le canoë, c'est différent. C'est mon truc à moi.

En plus, il n'y a rien de plus agréable que de descendre la rivière au crépuscule, se tordre de rire avec ses frères et sœurs et sentir le parfum incroyable de la rivière.

Vous aurez sans doute compris que mes faibles petits bras sont bien incapables de pagayer en ce moment et que ma fragile petite personne ne peut pas passer la journée assise dans un canoë sans pouvoir reposer sa tête. Vous aurez sans doute compris que rater à la fois Winston, l'expédition canoë et la convention de l'Alliance biblique mennonite m'a rappelé ce que j'ai ressenti en mars dernier quand je n'ai pas pu partir à Eagle Crest et au Kenya. Et vous avez vu juste. C'est exactement ce que je ressens.

Mais ce n'est toujours pas fini. Le médecin a appelé. Je ne suis pas allergique à l'Oregon. Tous mes rêves lointains de partir vivre ailleurs, rencontrer de nouvelles têtes et être en bonne santé sont réduits à néant.

JUILLET 2008

UNE VIE CHOUETTE

Parfois, je me dis que ma vie est vraiment chouette. J'ai une nouvelle chambre, assez grande mais pas trop non plus, remplie de choses merveilleuses et fascinantes. J'ai un lit à baldaquin. J'ai un ordinateur, un caméscope, un mannequin de couture. C'est vrai que je n'ai pas beaucoup d'argent, mais je n'ai rien à acheter, et de toute façon je ne fais pas les magasins. Tout le monde n'arrête pas de me faire des cadeaux fantastiques.

Je me réveille tous les jours dans mon beau lit à baldaquin avec un beau jeté de lit en satin sur moi et un oreiller duveteux orange sous la tête. À côté du lit, je trouve toujours un plateau avec mon petit déjeuner et du thé kenyan préparé par ma chère maman.

Je peux faire la grasse matinée. Me coucher aussi tard que je le veux. Je ne suis pas obligée de participer à beaucoup de tâches ménagères, et quand je ne suis pas dans mon assiette, maman et Amy sont souvent indulgentes. Quand je demande à quelqu'un de faire quelque chose pour moi, en général il s'exécute. Je lis, surfe sur Internet, regarde des films, passe du bon temps avec ma super famille. J'écris des histoires ou relis celles que j'ai écrites des années plus tôt, je fouille dans ma garde-robe incroyable et me transforme en tel personnage selon l'humeur du moment.

Oui, je me sens mal à longueur de temps, mais si je reste tranquille à ne rien faire d'important, il m'est facile de l'ignorer et la vie continue son petit bonhomme de chemin.

En d'autres termes, j'ai une vie confortable.

Mais parfois, je visite des blogs au hasard et tombe sur des personnes qui, dans la section « à propos de moi », écrivent : « Je ne suis que l'un des protagonistes de cette course folle que nous appelons la vie ! »

Ou : « J'aime la vie et me faire des amis. »

Ou encore : « Je vis les plus beaux moments de ma vie et j'espère bien que ça va durer »

Quand je vais sur Facebook, les statuts de mes amis sont « Susie Smith a passé une sale journée au boulot... » ou « Jessica Miller va au lac ».

Je vais sur presque n'importe quel blog d'adolescent et lis : « Désolé de ne pas avoir donné de nouvelles depuis si longtemps mais j'étais super occupé... »

C'est dans ces moments-là que j'ai tendance à être jalouse et à détester ma petite vie confortable.

Si l'on m'avait demandé il y a un an si je voulais avoir une vie normale, j'aurais dit : « Pas question ! » À l'époque je voulais avoir une vie extraordinaire.

Maintenant, tout ce que je veux, c'est la vie normale de toute adolescente. Je veux souffrir d'une longue journée de travail. Je veux être trop occupée pour écrire sur mon blog. Je veux vivre les plus beaux moments de ma vie, vous voyez ?

Un jour, je vais me réveiller en me disant : *Je n'ai jamais vraiment rien fait de ma vie. Pourquoi n'en ai-je pas profité ?*

Il m'arrive d'oublier comment c'est, de ne pas être malade.

DIX-HUIT ANS

Je disjoncte. Je ne veux voir personne. Ne parler à personne. Tout ce que je veux, c'est m'allonger par terre et m'agiter dans tous les sens pour faire disparaître cette journée.

C'est mon anniversaire aujourd'hui. Je me sens affreusement mal. J'aimerais pouvoir dire que c'est le pire anniversaire de ma vie, mais je mentirais. Mon pire anniversaire, c'est celui que j'ai passé au funérarium il y a deux ans, quand mon cousin Lenny s'est suicidé. Là, ce n'est qu'un anniversaire bien naze.

J'ai dix-huit ans mais je n'y crois pas. Je ne peux pas me forcer à y croire. Quand mon grand-père est décédé, je n'y croyais pas non plus, jusqu'à ce que je le voie dans son cercueil. Je savais qu'il était mort, mais je ne voulais pas y croire. C'est exactement ce qui se passe à présent.

Comment en suis-je venue à penser aux personnes que j'aime qui sont décédées ? Pourquoi ne crois-je donc pas à mes dix-huit ans ?

Je ne veux pas avoir dix-huit ans ! La raison ? Je n'ai jamais eu dix-sept ans. Tout ce que j'ai eu, c'est la maladie. Ma dernière année de lycée, la dernière année où je dépends de mes parents, la dernière année où je suis encore une enfant… je n'ai rien eu de tout ça. Désormais tout s'est envolé, et je ne le veux pas. Je veux que ça revienne.

J'ai décidé que dix-sept ans était l'âge parfait et je veux avoir dix-sept ans pour toujours.

Je me sens si nauséeuse. Je ne veux parler à personne. Je veux me pelotonner sous ma couverture et oublier cette journée.

ALLERGIES

Hier, une semaine après mon horrible anniversaire, je me suis sentie bizarre au réveil. Bizarrement bien. Pas au point de me sentir guérie, mais assez bien pour que ce soit bizarre.

Mercredi, on va me prélever beaucoup de sang. Quand j'avais douze ans, le docteur Hanson m'a fait une prise de sang et a défini les aliments qui me donnaient des allergies. Je ne mange toujours pas ces aliments, même si je n'y suis probablement plus allergique.

Quand nous aurons les résultats de cette nouvelle analyse, je pourrai peut-être remanger du poulet, des canneberges ou du fromage de chèvre, mais je découvrirai aussi peut-être de nouvelles allergies. Quoi qu'il en soit, je pense qu'être allergique à d'autres aliments ne me dérangera pas, ça changera un peu. En plus, je n'aime plus vraiment manger de pommes, d'oranges et de glaces, et je n'ai jamais aimé les olives, le lait de chèvre et l'étain. Qui mange de l'étain, de toute façon ?

Ah ! Ça me rappelle qu'une fois, mon ami Preston m'a dit qu'avec Justin, ils avaient trouvé pourquoi j'étais malade. Leur théorie était que je construisais un abri en étain quand subitement j'ai eu une faim de loup.

J'adorerais pouvoir remanger du poulet et des canneberges.

ENFIN UNE BONNE NOUVELLE

Je suis allée chez le médecin et on m'a planté une aiguille dans le bras, beaucoup de sang est passé dans l'aiguille et dans un petit tube pour finir dans les fioles en verre, et maman m'a tenu la main et a plaisanté en disant que c'était le seul moment où elle pouvait me tenir la main, et blablabla.

Ensuite j'ai eu droit à un bout de coton et un sparadrap sur le bras, et maman a demandé au médecin ce qu'avaient donné mes dernières analyses.

Le médecin a consulté mon dossier et nous a informées que lors de mon analyse en novembre dernier, ma charge virale était de 57. Le 10 juin, lors de ma dernière analyse, elle était descendue à 39. Le taux normal est à 30.

J'avoue n'avoir pas compris grand-chose à tous ces chiffres, mais j'ai quand même saisi l'essentiel.

Je suis officiellement en voie de guérison.

C'était vraiment très encourageant. Il a ajouté que si je refaisais une prise de sang dans six mois, il était presque certain que le virus aurait disparu. J'aurais pu pleurer de joie.

L'an prochain, je veux aller à l'Institut biblique. Oh, et le Kenya ? Serai-je en mesure d'aller aussi au Kenya ? Ma famille pense y retourner vers Noël, vous voyez, et si je pouvais les accompagner…

Naturellement, le Kenya et l'Institut biblique ne sont que dans plusieurs mois, mais pour être honnête, c'est la première fois que je pense pouvoir me sentir assez bien pour y aller. Je ne sais pas, c'est juste que parfois j'ai l'impression que je serai malade toute ma vie.

D'une certaine façon, l'idée d'être malade encore des mois ne me dérange pas plus que ça. Du moment que je guéris. Je veux juste être sûre de guérir un jour.

Le médecin semble aussi penser que lorsque je saurai à quels aliments je suis allergique, je pourrai me rétablir plus rapidement. Je compte bien là-dessus. Ce serait génial.

BELLES PENSÉES, BELLES CHOSES

Ces derniers temps, ma vie se passe bien. Elle n'est pas parfaite, mais à ce stade de mon rétablissement, elle se passe bien.

Et il semblerait que je sois bel et bien en voie de guérison. J'ai quelques bonnes journées depuis ce dimanche où je me suis réveillée en me sentant bizarrement bien. Je traîne, je bois du thé, j'écris et j'apprécie tout simplement de me trouver dans Manderly. C'est vraiment chouette d'aimer sa chambre.

Je ne sors pas beaucoup et ne fais pas grand-chose, principalement parce que c'est la période de moisson et que tout le monde travaille, mais j'adore le simple fait de rester tranquillement dans un bel endroit en rêvant d'Institut biblique et de Kenya.

Je me demande quel est le pourcentage de chansons d'amour.

L'argenté n'est qu'un gris brillant, mais le doré est-il un jaune brillant ou un marron brillant ? J'ai demandé à Jenny ce qu'elle en pensait et elle m'a répondu « jaune brillant ». J'ai contesté son choix, et ensuite elle a dit que le doré était un brun clair brillant, ce qui est idiot car quand j'ai dit « marron » je pensais « marron clair », et c'est pareil que « brun clair ».

Ma cousine Jessi est passée pour discuter. Nous avons beaucoup ri. Je lui ai fait un thé. J'aimerais que davantage de personnes passent me voir à l'improviste pour que je leur offre le thé.

À ce moment précis, ma vie me plaît.

RÉVEIL BRUTAL

Aujourd'hui, je devais avoir les résultats de mes analyses de sang, mais avec ma poisse typique à la Emily, mes analyses n'ont « pas marché ».

Ce matin, maman m'a apporté mon thé au lit. « Es-tu assez réveillée pour que nous discutions ? » a-t-elle demandé.

J'ai grogné.

Elle a parcouru la chambre du regard, a tripoté ceci, tripoté cela, a regardé en haut, en bas… J'avais envie de hurler. C'est bizarre, mais rien ne m'exaspère autant que les gens qui agissent de la sorte. Et avez-vous déjà remarqué qu'au réveil, ce qui vous exaspère en temps normal devient une vraie torture ? Je ne supportais plus de la voir s'agiter ainsi. « Qu'est-ce que tu fabriques ? lui ai-je demandé.

– Je cherche du sucre et une petite cuillère pour ton thé. Quand tu l'auras bu, tu seras bien réveillée et nous pourrons discuter. »

Génial.

« Parle-moi maintenant, ai-je fait.

– D'accord. Elle s'est assise. Il semblerait que tes analyses de sang n'aient pas marché parce que tes cellules blanches meurent trop rapidement.

– Qu'est-ce que ça veut dire ? ai-je demandé.

– Je ne sais pas », a-t-elle répondu. Elle m'a expliqué qu'elle avait regardé tout ça sur Internet et qu'elle avait envoyé un e-mail à tante Barb, qui est médecin. Maman s'inquiétait parce qu'elle partait en voyage et ne pourrait pas parler au docteur Hanson de mes pauvres cellules blanches avant un moment.

« On peut quand même attendre ton retour pour parler au docteur Hanson, non ? ai-je demandé. C'est pas comme si j'étais sur le point de mourir. » Elle m'a regardée avec étonnement et s'est mise à rire. « Je n'y avais même pas pensé », a-t-elle fait.

Mais elle ne peut pas s'empêcher de se faire du mouron, même si le docteur Hanson et moi-même lui avons dit de ne pas s'inquiéter.

AOÛT 2008

MÉNAGE DU SAMEDI

Si j'étais à la convention de l'Alliance biblique mennonite avec ma mère et Amy, j'aurais bien plus matière à écrire. Les choses étant ce qu'elles sont, je suis coincée à la maison avec la tâche effrayante de maintenir la maison en ordre. Pardon ? J'ai déjà du mal à maintenir Manderly en ordre !

Et comme aujourd'hui c'est le jour du ménage, il y a une quantité de travail à fournir entre l'aspirateur, le balai, les lessives, la poussière. Mais le plus dur dans tout ça, c'est que je dois motiver mes frères et sœurs.

Ah, si ! J'ai bien un truc à dire. L'autre jour, j'ai fait quelque chose dont je ne m'étais jamais sentie capable.

Tout a commencé quand je regardais une brochure du supermarché Fred Meyer. Il y avait ces petits gilets courts, et j'étais incapable de dire s'ils étaient mignons ou ridicules. C'était le genre de chose que j'aurais pu acheter à deux dollars à Goodwill, mais pas à vingt dollars chez Fred Meyer.

Et puis j'ai eu une idée folle.

J'ai commencé à épingler des journaux sur mon mannequin de couture et j'ai fait un patron de gilet court. Ensuite, j'ai trouvé du jean noir sur l'étagère de tissus dans laquelle je peux piocher librement, j'ai découpé les pièces et je les ai cousues. Désormais, j'ai un joli petit gilet qui me va comme un gant !

Avant que vous ne me voyiez comme une couturière hors pair, je dois avouer que j'ai dû tout coudre à la surjeteuse car je n'ai pas réussi à placer correctement la bobine de fil dans la machine et maman étant absente, elle n'a pas pu m'aider. Et comme je ne savais pas vraiment quelle marge de couture laisser, j'ai fait le tour du patron à la craie et j'ai découpé à un peu plus d'un centimètre du tracé. J'avais l'intention de suivre la ligne de craie avec l'aiguille de la machine à coudre, mais malheureusement c'est bien plus difficile avec une surjeteuse. Par conséquent, j'ai eu un mal fou à assembler le tout.

Mais je l'adore, même s'il a une bretelle un peu plus large que l'autre.

LA FÉE CLOCHARDE

Je veux à tout prix aller à l'Institut biblique de l'Alliance mennonite. Amy y est allée il y a un an et demi, et Matt l'année précédente. Ils s'y sont tous les deux beaucoup amusés. Maintenant j'ai l'âge requis, et si j'arrive à finir mes devoirs, faire signer mon diplôme et si je suis en forme, je pourrai y aller. Le docteur Hanson dit que je me rétablis, et en plus j'ai eu des bonnes journées depuis ce dimanche de mi-juillet où je me suis sentie bizarrement bien au réveil.

Naturellement, je dois tenir compte des frais de scolarité, qui seront payés en partie par l'église et par mes parents, et pour le reste je dois me débrouiller. Étant donné que je suis trop malade pour travailler, je dois recourir à d'autres moyens.

C'est là que la fée Clocharde entre en jeu.

La fée Clocharde est un personnage que j'ai inventé. C'est une fée qui empeste et qui a tendance à jeter beaucoup de poudre magique. Orlis Avery est un conducteur de camion poubelle. J'ai construit une histoire autour de ces personnages, je l'ai illustrée avec des peintures et j'ai passé des heures sur mon ordinateur pour en faire un livre. Maman a emporté plusieurs exemplaires avec elle à la foire quand elle est allée vendre son livre, et ils sont presque tous partis !

Youpi !

J'ai également écrit une histoire pour ces journaux de L'École du dimanche que notre église édite. Selon ma mère, ils acceptent presque tout et payent bien. Je leur ai déjà vendu deux histoires, mais en temps normal, je préfère écrire des histoires sur des fées qui boivent du café que sur des enfants qui apprennent leurs leçons.

Mais comme je viens de le dire, ils offrent une rémunération et j'ai besoin d'argent.

LÈVE-TÔT

Tous les matins je me lève, bois mon thé, m'assieds à la fenêtre et regarde les automobilistes et les cyclistes passer. Puis je fais ce que j'ai à faire, comme mes devoirs.

Mais je me lasse et je suis fatiguée pour le reste de la journée. Si je fais une sieste, j'aurai peut-être assez d'énergie pour me promener sous la pluie, puis je serai à nouveau fatiguée.

C'est bizarre de passer de couche-tard à lève-tôt.

DIX AUTRES ANECDOTES SUR MOI

J'ai peur de regarder dans un miroir quand il fait sombre. J'ai toujours l'impression que quelque chose d'épouvantable va apparaître.

J'ai une verrue sur le deuxième orteil du pied droit.

Quand j'étais petite, je pensais que les aigus correspondaient aux graves, et inversement. De ce fait, quand j'ai pris des leçons de piano, j'étais complètement embrouillée (j'ai rapidement abandonné).

Si l'on m'offre quelque chose que je déteste, je me sens très mal et généralement j'essaye de prétendre qu'il s'agit de quelque chose de magique pour l'aimer.

Si j'étais comme le personnage Stargirl de Jerry Spinelli et me moquais de ce que pensent les gens, je ne porterais que des déguisements (de beaux déguisements, pas un déguisement de père Noël ou quelque chose comme ça).

J'ai la manie d'inventer des histoires dans ma tête, mais au moment de les mettre sur papier, je me rends compte qu'il n'y a pour ainsi dire pas d'intrigue. C'est vraiment frustrant.

Avant, j'écrivais une anecdote sur moi dans chacun des billets que je publiais sur mon blog, puis je me suis rendu compte qu'elles parlaient toutes de nourriture. J'expliquais par exemple mon dégoût pour les œufs, à part le jaune des œufs mollets. Ou à quel point j'aime la pâte à tarte. Je disais que j'aime la moutarde mais pas le ketchup, le thé mais pas le café. C'était un peu gênant, j'ai donc arrêté.

J'ai deux chapeaux roses. Je porte en ce moment même celui que l'on m'a offert pour mon diplôme. J'ai eu l'autre chapeau rose à Mexico. Dès que je l'ai essayé, j'ai su qu'il était parfait.

Je me suis toujours demandé ce que l'on ressentait quand on s'évanouissait.

J'ai une grenouille en peluche appelée Professeur Crétin.

RÉSULTATS

Il semblerait que je sois allergique à la caféine et au sucre de canne. Quoi ? Plus de délicieux thé noir au petit déjeuner ? J'imagine qu'à présent je peux manger des pommes, des oranges, des canneberges, des graines de pavot, du carraghénane et même du fromage de chèvre, mais quand même…

On trouve du sucre de canne dans tout. Vraiment ! Dans les tortillas, la soupe de palourdes, tous les produits possibles et imaginables. Partout où je vais, je dois lire les étiquettes. Une chance que ma maladie m'empêche d'aller manger régulièrement chez des amis ou à l'extérieur, sinon comment ferais-je ?

Quant à la caféine, je suis déjà bien assez fatiguée.

Je suis toujours allergique au poulet et à d'autres choses au nom bizarre. Comme le phtalate de dibutyle. Mais enfin, qu'est-ce que c'est que ce truc ?

Encore une chose. Je suis maintenant malade depuis une année entière. Heureusement, j'étais loin de me douter que ça durerait un an quand je suis tombée malade pour la première fois.

FRAIS DE SCOLARITÉ

Les choses allaient si bien pour moi. Le médecin a dit que je serai sur pied à temps pour aller à l'Institut biblique et mes parents et moi avons trouvé un moyen pour que je puisse m'y rendre, financièrement parlant. Le premier trimestre commencerait juste après Noël et j'y assisterais avec Amy, Bethany, J.D. et Brandon. J'irais aussi au deuxième trimestre, contrairement aux autres. Moi seule contre le monde entier.

Subitement, j'ai eu l'ambition de faire mes devoirs parce qu'il est clair que je ne peux pas aller à l'Institut biblique sans avoir validé mon diplôme. Et ma vie a beau être ennuyeuse, je l'accepte volontiers quand je pense à ce qui m'attend.

J'ai rempli les formulaires qui m'étaient destinés et j'ai fait passer les formulaires de recommandation aux diverses personnes concernées. Tout était fin prêt. J'ai soigneusement fermé l'enveloppe et me suis mise en route pour la boîte aux lettres. Le monde semblait plein de promesses.

Mais, minute ! J'avais oublié le timbre. Je suis revenue sur mes pas et j'ai farfouillé dans le bureau.

« Tu as mis un chèque dedans ? » a demandé maman.

Mince ! Les frais de scolarité, 150 dollars par trimestre. « J'ai oublié, ai-je fait. Est-ce que tu pourrais me faire un chèque de 300 dollars ? »

Maman hésitait. « Je n'aime pas trop l'idée d'envoyer un chèque de 300 dollars non remboursable sans en parler à ton père avant, a-t-elle répondu.

– Mais papa a déjà dit qu'il payait les frais ! » ai-je rétorqué, sentant la panique monter. C'était comme si mon rêve d'entrer à l'Institut biblique en 2009 allait s'envoler sous mes yeux si je ne postais pas le chèque dans les cinq minutes qui suivaient. Mais j'ai eu beau mendier et supplier, rien n'y a fait.

À vrai dire, papa pensait que les frais se montaient au total à 150 dollars. Il a dû envoyer un e-mail au directeur pour demander si les frais du deuxième trimestre pourraient lui être remboursés dans le cas où je serais trop malade pour y assister.

Avant même que le directeur ne réponde, je me suis rendu compte qu'à l'heure actuelle, rien ne me permet de savoir où je serai en janvier prochain. Qui peut affirmer que je serai rétablie ? Il n'y a aucune garantie. Je pourrais être malade toute ma vie. Je ne vais pas à l'Institut biblique et je suis complètement déprimée.

POURQUOI JE SUIS DÉPRIMÉE AUJOURD'HUI

Je n'ai pas beaucoup dormi la nuit dernière parce qu'il y avait un papillon de nuit dans ma chambre qui ne voulait pas mourir.

J'ai fait un cauchemar horrible et je me suis réveillée nauséeuse.

J'ai passé la matinée à bûcher sur mes devoirs. J'avais renoncé à les faire parce que je n'avais plus l'Institut biblique comme motivation.

J'accumule encore un certain retard en ce qui concerne mes devoirs.

Vous vous rappelez l'histoire que j'ai envoyée aux journaux de l'École du dimanche que notre église édite ? Figurez-vous qu'ils l'ont refusée. Le bout de papier disait : « Je vous remercie mais je n'ai pas besoin de cette histoire. » Qu'est-ce que ça signifie ? Que mon histoire est nulle mais qu'ils veulent me ménager ou qu'ils ont assez d'histoires et n'en ont pas besoin d'une en plus, ce qui revient à ruiner mon projet de devenir riche en écrivant des histoires idiotes ?

J'ai passé presque toute la journée à écrire un message sur mon blog et je l'ai supprimé par erreur.

Aujourd'hui, Facebook n'a pas arrêté de planter et de faire des trucs bizarres.

Ma chambre est un vrai capharnaüm.

Je ne vais pas à l'Institut biblique.

Je n'ai pas droit à la caféine ni au sucre de canne.

LE JOUR OÙ J'OUBLIERAI AUSSITÔT

Tout le monde est allé chez Justin et Stephy pour jouer au volley-ball. Tout le monde sauf moi. J'étais trop triste et déprimée pour y aller.

Je me suis retrouvée toute seule dans Manderly. *Tu ne peux pas te laisser abattre*, me suis-je dit. J'ai pris une douche, enfilé une super tenue et me suis mise en route pour les rejoindre.

J'ai aperçu le groupe de jeunes jouer au volley dans le jardin. Au moment où je me suis assise pour reprendre mon souffle et les regarder jouer, ils ont arrêté et se sont mis à discuter. Je les ai rejoints.

« Qu'est-ce qu'on fait ? s'interrogeaient-ils. On pourrait aller manger un morceau. »

L'idée leur semblait bonne. Naturellement, elle ne me plaisait pas, mais je n'étais pas venue pour les empêcher de s'amuser. Ils ont parlé des endroits où ils pourraient aller et de la façon dont ils s'y rendraient. Ma gorge s'est serrée.

Qu'étais-je donc censée faire ? Les accompagner pour ne boire que de l'eau ? Renvoyer la serveuse en cuisine pour savoir si tel ou tel plat contient du sucre ? Cette saleté d'allergie au sucre allait-elle me gâcher la vie ? Je suis repartie vers chez moi et j'ai éclaté en sanglots.

À mi-chemin du premier champ que je traversais, j'ai aperçu des phares puis le camion bleu de mon ami Lyndon faire des bonds dans le champ. Il s'est arrêté devant moi et la vitre s'est baissée. « On t'emmène ? » a demandé Lyndon.

Il faisait déjà presque nuit. Je me suis glissée dans le camion au milieu du groupe que Lyndon emmenait dans je ne sais quel restaurant de leur choix. J'étais assise à regarder le paysage et mes larmes coulaient. C'était embarrassant, mais je m'en moquais.

« Tu veux que je te dépose chez toi ? a demandé Lyndon.
– Oui, s'il te plaît », ai-je répondu.

Et me revoilà seule dans Manderly avec une seule envie : oublier cette journée.

SEPTEMBRE 2008

UN TRAVAIL

J'ai un travail, enfin en quelque sorte : je passe prendre les enfants dans notre camionnette pour les emmener à l'école et je les récupère à la sortie pour les ramener chez eux. Et je dois aussi donner un coup de main en classe. Aujourd'hui, de nombreux gamins devaient lire des textes à voix haute et j'ai passé mon temps à les écouter.

Josh est l'un des plus jeunes et il me fait mourir de rire. Il rencontrait quelques difficultés pour lire mais donnait vraiment l'impression de vouloir apprendre. Il s'est arrêté au milieu du passage qu'il lisait et a fait : « Et si tu lis un mot et ensuite je lis un mot ? On fait comme ça avec ma maman.

– Je pourrais, ai-je répondu, mais ce ne serait pas juste vis-à-vis des autres. »

Il a fait semblant de pleurer, alors je m'y suis mise aussi : « Bouh hou hou ! Je ne fais que ce qui est juste ! »

Il s'est tordu de rire puis s'est redressé et a terminé la page sans problème.

Peu après, nous lisions une histoire avec le personnage As qui parlait à son agneau Baba. Josh n'arrivait pas à distinguer la lettre I de la lettre L.

« Non, lui répétais-je sans cesse, c'est un I, pas un L, parce qu'il y a un petit trait au-dessus et en dessous.

– Il y a beaucoup de I, a-t-il fait. Je veux compter les I. »

Il les a comptés et s'est remis à lire. Je crois qu'il y en avait dix.

Il est rapidement tombé sur un autre I et l'a encore pris pour un L. Quand je lui ai réexpliqué, il a fait : « Figue. Est-ce que figue c'est un mot avec I ? Tu peux me dire des mots avec I ? »

Alors j'ai dit « digue », « intrigue », et il a rigolé. « On dit des mots avec I à chaque fois qu'on voit un I », a-t-il lancé. Mais l'heure de la pause est venue.

Cette épreuve m'avait complètement exténuée. Je suis rentrée chez moi et j'ai fait une sieste de quatre heures.

Malheureusement, dans l'ensemble, ma vie semble toujours dénuée de sens. Ce que je veux dire, c'est qu'il n'y a rien d'excitant qui m'attend. Je devrais certainement être contente d'avoir un travail et de bonnes journées. C'est ce que je voulais, après tout.

Mais il n'y a rien de nouveau à l'horizon. Même notre projet de Kenya pour Noël semble compromis.

DEMANDER

Aujourd'hui, j'ai fait une prière en prenant ma douche dans le noir et j'ai pris une décision. Il faut que je parle à mon père. Je n'ai plus la motivation pour faire mes devoirs… plus la motivation pour gagner de l'argent, ni pour aborder la vie avec enthousiasme parce qu'elle ne présage que de la tristesse.

J'en ai déjà parlé à ma mère et elle compatit. Mon père, lui, trouve toujours une solution.

Si je fais mes devoirs et que j'essaye d'en payer la moitié, serait-il possible que je parte en vacances quelque part ?

S'il te plaît ?

J'ai juste besoin de me réjouir de quelque chose.

Il faut que je lui demande. En tout cas, les choses ne pourront pas être pires.

NE VIS PAS

J'ai passé une journée physiquement abominable.

Mon cousin Justin a trouvé comment chater en visioconférence sur Internet. C'était la première fois que je testais ce genre de choses et c'était marrant, sauf qu'en réalité nous ne pouvions pas nous parler mais uniquement nous voir.

Je ne vis plus. Je rêve ma vie. Je suis tellement malade que tout est comme dans un rêve. Qui, dans la vraie vie, s'émerveillerait de parler par vidéo interposée sans avoir le son ?

Et voilà que je ne sais pas quoi faire parce que je n'arrive pas à dormir, j'ai affreusement chaud et le moral à zéro, et croyez-le ou non, mon esprit reste bloqué sur cette merveille qu'est la visioconférence.

Je suis incapable de lire. Ça me fiche la migraine. Je pourrais regarder des films en boucle, d'ailleurs c'est exactement ce que je fais mais je ne peux pas continuer toute la nuit, ce serait complètement dingue.

Vu mon état, je n'ai pas parlé à mon père. On ne peut pas exposer les choses d'une manière rationnelle quand on est malade comme un chien.

Aujourd'hui, je suis restée longtemps à me demander comment font les trains pour ne pas se rentrer pas dedans.

PAPA

Toujours malade comme un chien.

Oh ! J'ai quand même parlé à papa aujourd'hui malgré mon état épouvantable. Il s'est montré formidable, il a déployé tout son talent pour aborder le problème. Je ne pouvais pas m'arrêter de pleurer mais je poursuivais mes explications comme une folle, parce qu'à vrai dire je le suis un peu en ce moment, folle, et il a fait mille projets. Et je pourrai peut-être partir quelque part, un jour… au Kansas par exemple, voir la famille Mast. Je suis vraiment soulagée. J'ai enfin quelque chose auquel me raccrocher, c'est formidable ! J'aurais dû lui en parler bien avant.

Tout n'est peut-être pas perdu après tout.

LA DOUCHE

J'ai pris une bonne douche dans le noir, et j'étais assise par terre (toujours dans le noir) en pensant aux personnes qui détestent les chats quand la porte s'est ouverte. Quelqu'un entrait !

J'ai crié. Fort. C'était instinctif.

Ah ! Ai-je précisé qu'il était trois heures du matin ?

C'était Matt. Il voulait éteindre le ventilateur et mon cri l'a fait complètement paniquer. Il ne pensait pas trouver quelqu'un, vous voyez, comme la lumière était éteinte.

HELMINTHOSPORIUM

L'*Helminthosporium sativum* est l'heureux gagnant qui va bouleverser ma petite vie. Je ne savais même pas ce dont il s'agissait lorsqu'il est apparu dans mes résultats d'allergies avec le sucre de canne, la caféine et le reste. Par conséquent, je n'y avais pas prêté attention.

Pourtant, il s'avère que c'est l'allergie à plus gros risque. Les autres, sucre de canne, poulet, gomme de caroube et j'en passe, ne provoquent que des réactions mineures. Maman a fait des recherches sur l'*Helminthosporium*.

En somme, il s'agit d'une sorte de moisissure qui se développe dans l'herbe dans les régions au climat à la fois doux et humide. Et peut-on trouver un climat plus doux et humide qu'ici ? Il y a de l'herbe partout, nom d'une pipe !

Je ne sais pas pourquoi cet *Helminthosporium sativum* n'est pas apparu dans mes résultats d'analyse pour ma possible allergie à l'Oregon. Mais s'il peut m'offrir un peu d'action et de bien-être, je suis preneuse ! J'aime vraiment l'idée de devoir déménager et guérir. Je l'ai toujours aimée.

LA CÔTE

J'ai décidé d'aller sur la côte avec mes cousins les plus âgés du côté Smucker. Je suis toujours malade. Mais je passais mes journées à regarder des films et à tricoter. Tout le reste me donnait la migraine. J'ai désormais l'impression de vivre dans un film, c'est pourquoi changer de rythme ne me fera pas de mal.

Tout le monde s'amuse comme un fou. Tout le monde sauf moi. Je reste allongée au lit à l'étage, à regarder des films ou tricoter, comme d'habitude. Il m'arrive de descendre chercher quelque chose à grignoter, quelque chose auquel j'ai droit. C'est vraiment très dur.

Je ne suis pas encore allée à la plage. Je n'irai probablement pas. Je suis bien trop malade. Parfois, j'arrive à peine à monter les escaliers.

Les gens me parlent. C'est drôle. Je rigole.

Puis je m'allonge dans le noir, j'entends les autres rire, s'amuser, et je me sens plus seule encore. Je pleure. C'est bien plus simple de ne pas avoir de vie quand je suis toute seule dans Manderly.

C'est bien plus dur quand j'entends des rires et qu'aucun d'eux n'est le mien.

Je me demande si les bons côtés de ce séjour l'emporteront sur les mauvais, si rire en vaut la peine si je dois pleurer ensuite.

PLUS D'HELMINTHOSPORIUM

Helminthosporium sativum. C'est ce dont tout le monde parle à la maison ces derniers jours. Où pourrais-je bien aller pour y échapper ? Est-ce que je guérirai si je m'en éloigne ? Comment peut-on le savoir ?

Je veux à tout prix partir. Je veux partir à l'aventure et me rétablir. Je ne veux pas quitter ma douce Manderly pour toujours, mais à choisir, je préfère ma santé. Il n'y a pas photo.

OCTOBRE 2008

REDMOND

Il est 3 h 16, et je suis incapable d'aller dormir. Dans des circonstances normales, ça ne me dérangerait pas. Je lirais, j'écrirais ou je me tournerais les pouces jusqu'à tomber dans un sommeil paisible, et je m'offrirais une grasse matinée le lendemain. Mais en ce moment même, je partage une chambre d'hôtel avec mes parents qui dorment tous deux profondément. J'ai essayé de lire à la lumière de mon téléphone portable, mais à présent la batterie est déchargée. J'ai bien tenté plusieurs fois de me coucher, mais impossible de trouver le sommeil. Je suis donc en train de taper sur mon clavier dans la salle de bain pour ne pas réveiller mes parents avec la lumière et le bruit.

Nous sommes à Redmond, dans l'Oregon.

J'ai faim. Affreusement faim. Je pourrais manger une pomme, mais même s'il semble que je n'y sois plus allergique, les variétés locales ont tendance à me donner mal au ventre. Je pourrais manger des biscuits salés avec du beurre de cacahuète, mais ce serait compliqué d'aller les chercher dans le noir et tout. Et les biscuits salés, c'est ultra sec, et je me sens déjà déshydratée. Mes yeux sont secs. Mes lèvres sont sèches. L'intérieur de mon nez est sec. Ici, dans la partie est de l'Oregon, il n'y a pas d'humidité comme dans la vallée.

Demain, nous devons visiter les appartements. Je vais peut-être emménager ici.

Le sol de cette salle de bain n'est pas confortable. Je vais peut-être m'asseoir dans la baignoire. Ah ! C'est beaucoup mieux ! Il est 3 h 30 du matin et je suis bel et bien assise dans la baignoire d'un hôtel de Redmond en train d'écrire. Passionnant ! Cette seule pensée me redonne le sourire.

Je souhaite tant aller mieux. Vous n'avez pas idée à quel point. J'arrive à peine à m'imaginer en bonne santé. Je me souviens du temps où je jouais constamment au volley-ball, du temps où je faisais la fête toute la nuit et à quel point c'était super, et je pense alors : *Comment arrivais-je à faire ça ? N'étais-je pas fatiguée ? N'avais-je donc pas de migraine ? Comment était-ce d'avoir toujours la forme ?*

J'ai besoin de dormir. Et comme je n'ai pas droit à la caféine, je suis condamnée à être fatiguée demain.

DIX RAISONS POUR LESQUELLES J'EMMÉNAGE À REDMOND

1. Redmond est l'une des villes les plus sèches d'Oregon. S'il n'y a pas de moisissure dans l'environnement, l'*Helminthosporium* ne pourra pas se développer ;
2. Si l'*Helminthosporium* ne se développe pas, mon système immunitaire s'améliorera ;
3. Si mon système immunitaire s'améliore, il sera peut-être en mesure de chasser le virus du Nil ;
4. Redmond n'est qu'à deux heures et demie de la maison donc un membre de ma famille ou un ami devrait facilement pouvoir venir me tenir compagnie ;
5. Après une chasse au dahu ennuyeuse au possible impliquant un studio, un bureau dans un placard sous l'escalier d'un immeuble obscur à Bend et des complications étranges dues au fait que c'est papa qui payera le loyer de mon appartement,

nous avons finalement trouvé un endroit convenable. C'est un lieu sûr. À proximité d'endroits importants comme la bibliothèque. Il comprend une salle de bain, une cuisine, un salon et une chambre. En plus, les fenêtres sont jolies ;

6. J'ai besoin d'aventure. De nouveauté. C'est ce que je souhaite depuis que je suis tombée malade. À vrai dire, c'est ce que j'ai toujours voulu. Mais pas autant que depuis que je suis malade ;
7. Le ciel est beau. J'avoue que techniquement, ça n'a pas influencé ma décision de déménager, mais c'est sans aucun doute un plus. Je savais que l'ouest de l'Oregon était humide et que l'est était sec, mais je n'avais pas pensé que sec impliquait un beau ciel sans nuage ;
8. Il y a une belle église mennonite à une demi-heure d'ici. Les gens y sont adorables et très accueillants. Malheureusement, il n'y a pas de groupe de jeunes. Mais c'est quand même une super église ;
9. Il s'agit d'un test, vous voyez ? Parce que même si je suis convaincue que ma santé s'améliorera en emménageant ici (en me fondant sur les exemples de la Caroline du Sud, du Colorado lors du mariage, et de ma meilleure forme l'été quand l'air est sec), papa, quant à lui, reste sceptique. Il veut attendre quelques mois pour voir si mon état s'améliore avant de me trouver un endroit définitif ;

Il n'y a pas de dixième raison. S'il y en a une, je ne l'ai pas en tête. Mais ça semble idiot de ne parler que de neuf raisons.

10. J'ai trouvé une autre raison ! Redmond a été fondée le jour de mon anniversaire.

Bon, je vous l'accorde, c'est une raison assez nulle.

BEL ET BIEN RÉVEILLÉE

Je n'ai dormi que par intermittence les cinq dernières heures et demie. À présent, je suis réveillée mais fatiguée, j'ai chaud et je suis angoissée car il me reste mille choses à préparer avant mon départ dans douze heures. Je suis affamée. J'ai une migraine insensée. Je suis bel et bien réveillée. Je ne sais pas quoi faire. Il est une heure du matin.

UNE NOUVELLE VUE

Je suis assise à ma nouvelle fenêtre à observer Redmond, mon nouveau chez moi. La vue est superbe. Le ciel est bleu cendré avec des nuages roses.

J'adore cette fenêtre. À quoi ressemblera ma vie de cette fenêtre, cette vue sur le monde ? Que va-t-il m'arriver ? Serai-je heureuse ? Triste ?

Je ne sais pas. Je n'ai pas la moindre idée de ce que l'avenir me réserve mais j'en aime déjà chaque minute. Tout est possible ! Tout sauf me retrouver allongée sur mon ancien lit dans mon ancienne maison à vivre la même chose jour après jour comme je le fais depuis un an.

Vous comprenez bien ce que je dis ?

Il y a de l'espoir !

ÉPILOGUE

J'ai un travail.

J'ai un joli petit scooter pour me déplacer.

Ma nouvelle fenêtre, ma vue sur le monde, se trouve dans la tour d'une très ancienne maison victorienne dans le Colorado.

Et alors que certains s'écrieraient en lisant ces lignes « Youpi ! Ça a marché ! Elle est guérie et mène une vie parfaite », en vérité je ne suis pas complètement guérie. Mais je vais beaucoup mieux. Et Redmond a marché.

Malheureusement, même si Redmond a été bénéfique à ma santé, il manquait certaines choses. Par exemple, l'église mennonite était suffisamment loin pour j'aie du mal à créer des liens avec les fidèles et faire partie intégrante de l'église. À Redmond, je devais également faire sans groupe de jeunes et sans endroit où servir Dieu. Le Colorado a toutes ces choses, avec en prime un climat sec sans *Helminthosporium*. C'est aussi l'endroit où vit une famille qui est amie avec mes parents depuis une éternité. Cette famille me traite comme si j'étais des leurs, puisque je suis si loin de la mienne.

Là-bas, les mennonites ont une mission qui permet d'élever les bébés nés en prison. Quand la mère est relâchée, son enfant lui est rendu. Si cette mission n'existait pas, les bébés se retrouveraient en famille d'accueil et il serait alors impossible pour leur mère de les récupérer. Je trouve que c'est un geste magnifique qui témoigne d'un bel esprit de sacrifice.

La mission gère aussi deux boutiques d'articles d'occasion qui permettent de la faire vivre, et j'ai été embauchée dans l'une de ces boutiques. C'est un travail à horaires flexibles. Si je me sens patraque, je peux rentrer chez moi. Si je suis en pleine forme, je peux rester travailler quelques heures de plus. C'est génial. Carrément génial.

Tout ce que je peux dire, c'est que tout a fonctionné.

Et ma santé s'améliore de jour en jour.

À PROPOS DE L'AUTEUR

Emily Smucker adore écrire. Elle tient un journal et emporte un carnet partout avec elle. Emily est mennonite et régénérée. Ses héros sont Peter Parker, Hadassah et Luke Skywalker car en prenant la bonne décision, ils ont changé la face du monde. Elle adore les rêves, le Dr Pepper, le badminton, observer les gens, filmer et, contrairement à 99,5 % des filles mennonites américaines, elle n'aime pas le café ni le scrapbooking. Voici l'adresse de son blog : http://www.xanga.com/SupergirlEmzel et http://emilysmucker.com.